出土文獻綜合研究專刊之十六

秦漢簡牘系列字形譜

三

主　編　張顯成
副主編　王　丹　李　燁
編撰人員　張顯成　王　丹　李　燁
高　魏　劉國慶　雷長巍　滕勝霖
高　明　楊艷輝　陳榮傑　趙久湘

中華書局

目録

分譜之五　張家山漢簡字形譜

第四　目部——角部

分譜之五

張家山漢簡字形譜

説明

一　本字形譜所收之字源自文物出版社二〇〇一年十一月出版的《張家山漢墓竹簡〔二四七號墓〕》一書，計有竹簡一千二百三十六枚。

二　字頭共有單字一千四百一十五個，合文二個。

三　辭例所標出處悉依《張家山漢墓竹簡〔二四七號墓〕》，數字表示簡號，簡號之前添加篇目以示區別，例如：「二年律令91」指張家山漢墓竹簡《二年律令》91號竹簡，「奏讞書202」指《奏讞書》202號竹簡，「筭數書113」指《筭數書》113號竹簡，「引書1背」指《引書》1號簡背面。

單字

第一 一部——茻部

0001

一

一
580

一部

筭數書 113 五而成～

曆譜 14 十～月甲申

筭數書 129 ～日伐竹六十箇

遣策 37 矛～枚

奏讞書 202 尺半荊券～枚

奏讞書 176 丁盜粟～斗

奏讞書 176 今佐丁盜～斗粟

筭數書 167 田～畝

遣策 27 瓜～箈

筭數書 162 其從廿～分

二年律令 91 盜臧百～十錢

奏讞書 212 其～人公士孔

奏讞書 104 到十～月復謀

筭數書 95 得～步

二年律令 483
奪爵～級

筭數書 104
四分升之～

二年律令 7
徒負～

筭數書 103
毀四分升之～

二年律令 357
公士六十～

筭數書 84
減田十～步

二年律令 316
公士～宅半宅

筭數書 87
～斗

筭數書 87
如乾成～數也

筭數書 84
七十九步而～斗

筭數書 85
今乾之～斗一升

0002

元

1

奏讞書 99—100
～年十二月癸亥

0003

天

30

蓋廬 10
此～之時也

蓋廬 9
何胃～之時

二年律令 363
～烏

奏讞書 82
五月中～旱不雨

引書 104
虖吸～地之精氣

蓋廬 5
～下人民

引書 108
吸～地之精氣

蓋廬 4
必得～時

蓋廬 4
此謂順～

0004

吏

157

蓋盧 3
循～之時

引書 2
受～之精

二年律令 19
～緣邊縣道

二年律令 283
二千石～

奏讞書 20
～以爲奸

奏讞書 24
～議

奏讞書 43
存～當罪

奏讞書 43
～以爲即賊傷人

二年律令 2
若先告～

二年律令 6
～主者贖耐

二年律令 5
官嗇夫～主者

二年律令 496
將～智其請

二年律令 141
～將徒追求盜賊

二年律令 144
士～求盜部者

二年律令 299
千石～

二年律令 140
亟爲發～徒

二年律令 488
～卒主者弗得

二年律令 523
～卒主者

二年律令 71
若告～

上部

0005 重

上

226

算數書145
以乘～廣

奏讞書172
髮長二寸以～

奏讞書178
～功

奏讞書164
枹組～

奏讞書68
～奏七牒

脈書58
病甚而～於環二寸

二年律令12
～書

二年律令274
半日以～

二年律令451
～雒

二年律令28
下爵毆～爵

奏讞書158
上造以～

二年律令35
鬼薪白粲以～

奏讞書146
～書言獨財

二年律令475
五千字以～

0006

帝

10

二年律令9
偽寫皇～信璽

二年律令217
吏及宦皇～者

二年律令184
宦皇～

0007

旁

13

奏讞書221
盜置券其～

奏讞書216
刀環噲～戕

引書21
引前而～

0008 重

下

133

奏讞書 108
毛坐講～

奏讞書 225
置券其～

奏讞書 195
與男子奸棺喪～

奏讞書 187
與男子和奸喪～

奏讞書 186
奸喪～者

奏讞書 110
道肩～到要

奏讞書 176
柳～季爲魯君治之

二年律令 123
耐隸臣妾罪以～

蓋廬 5
黄帝之正天～也

引書 34
而上～榣之

奏讞書 147
欲陛～幸詔靡

奏讞書 212
落莫行正旗～

二年律令 411
大夫以～

二年律令 215
内史以～

奏讞書 177
柳～季曰

二年律令 485
五百石以～

二年律令 261
罪耐以～

二年律令 28
～爵毆上爵

引書 2
被髮遊堂～

二年律令 122
有贖罪以～

示部

0009 禮 禮 3

奏讞書 177
署能治～

奏讞書 178
～者君子學也

奏讞書 227
咸陽丞穀～敢言之

0010 祀 祀 2

二年律令 462
長信祠～

0011 祖 祖 1

引書 1
此彭～之道也

0012 祠 祠 5

奏讞書 190
不～其冢三日

二年律令 462
長信～祀

0013 祝 祝 13

二年律令 461
大～

二年律令 486
屬大～

二年律令 479
大～試祝

二年律令 474
大～

0014 社 社 2

蓋廬 4
頃其～稷

0015

禁

8

二年律令 254
~毋牧彘

二年律令 249
~諸民吏徒隸

二年律令 501
毋~物

0016

禒

7

奏讞書 11
賣~所

奏獻書 8
大夫~辥曰

奏獻書 10
賣~所

三部

0017

三

280

奏讞書 70
二百六十~石八斗

奏讞書 177
直~錢

奏讞書 110
十一月不盡可~日

奏讞書 176
直~錢

引書 84
~而已

二年律令 355
上造七十~

曆譜 13
~月戊午

筭數書 164
以~分爲若干

二年律令 205
司空~人以爲庶人

二年律令 240
頃入芻~石

二年律令 97
不盈~歲

二年律令 165
其去毄~歲亡

二年律令 478
六發中~以上

王部

0018 王

王

12

二年律令 223
諸侯～女

筭數書 88
～程曰

二年律令 221
諸侯～

蓋廬 4
～名可成

二年律令 455
野～

蓋廬 50
自立爲～者

蓋廬 10
順者～逆者亡

0019 皇

皇

9

二年律令 9
僞寫～帝信璽

二年律令 9
～帝行璽

二年律令 320
爲吏及宦～帝

二年律令 294
宦～帝

二年律令 291
宦～帝

二年律令 217
宦～帝

玉部

0020 玉

王

1

脈書 53
五臧虚則～體利矣

0021

璧

璧

1

遣策 17
回～四具

0022

環

環

15

奏讞書 216
刀～噲旁𧢲

奏讞書 202
鐵～長九寸

奏讞書 54
城旦～爲家作

气部

0023

气

气

10

二年律令 114
其欲復～（乞）鞫

二年律令 116
不得～（乞）鞫

二年律令 115
欲爲～（乞）鞫

奏讞書 99
𩣡城旦講～（乞）鞫

奏讞書 121
雍城旦講～（乞）鞫

二年律令 114
不得自～（乞）鞫

二年律令 115
爲～（乞）鞫

士部

0024

士

士

48

二年律令 461
未央走～

二年律令 312
公～一頃半頃

二年律令 202
～吏

丨部

0025 壯

1

秦讞書 215
公～孔以此鞞予僕

秦讞書 100
盜～伍牝牛

二年律令 157
公=～=

秦讞書 61
～吏

秦讞書 8
買婢媚～五點所

二年律令 471
衛尉～吏

二年律令 312
～五庶人各一頃

秦讞書 183
公～丁疾死

二年律令 369
其後爲公～

二年律令 292
公～比佐史

秦讞書 214
爲走～

秦讞書 36
～五軍告池曰

秦讞書 45
～五年卅七歲

二年律令 144
～吏求盜

二年律令 354
～五九十五以上者

秦獻書 101
講父～五處見

秦讞書 89
蒼～平君

0026

中

135

奏讞書 11
六年二月～得媚

奏讞書 136
名籍副并居一笥～

奏讞書 108
以十月～見講

奏讞書 203
病臥内～

奏讞書 198
到巷～

引書 96
内指耳～而力引之

奏讞書 144
離居山谷～

奏讞書 162
炙～有髮長三寸

奏讞書 222
邑～少人

奏讞書 163
飯～有蔡長半寸

二年律令 141
丗日～

二年律令 520
請得買馬關～

二年律令 446
～候

二年律令 452
～陽

二年律令 449
大倉～廄

二年律令 462
長秋～謁者

二年律令 234
其縣道界～也

脈書 39
出胎～央

脈書 9
爲塞～

筭數書 126
負炭【山】～

奏讞書 61
轂母嬐亭～

遣策 6
棺～

屮部

0027 屯

11

奏讞書 5　即～卒

奏讞書 4　非曰勿令爲～也

奏讞書 4　及雖不當爲～

奏讞書 3　勿令爲～

奏讞書 2　尉窯遣毋憂爲～

奏讞書 1　告爲都尉～

奏讞書 137　及～卒備敬

0028 每

1

奏讞書 210　隸妾～等晨昧裏

0029 毒

7

二年律令 18　挾～矢

二年律令 18　謹～

二年律令 18　和爲謹～者

二年律令 18　或命糴謂毉～

二年律令 19　得和爲～

二年律令 20　脯肉～殺

二年律令 249　毋～魚

艸部

0030 荅

7

筭數書 90
麥菽～麻

筭數書 43
～五步一斗

筭數書 44
～五步

0031 苦

5

引書 74
～腹張

引書 48
～兩手少氣

0032 莞

3

奏讞書 167
～席敝而經絶

奏讞書 167
其～淬

奏讞書 167
淬～席

0033 蒲

2

二年律令 448
～反

0034 重 菌

2

菌 二年律令 436
私爲～（鹵）鹽

0035 蔞

1

二年律令 259
荃～

0036 茈

1

遣策 12
～（紫）袍一

0037 荷

1

奏讞書81　丙與發弩贅～（苛）

0038 荊

2

奏讞書157　所取～新地多群盜

奏讞書202　尺半～券一枚

0039 芮

1

蓋廬29　與其進～（退）

0040 蒼

30

奏讞書85　丙與贅共捕得～

奏讞書81　即縱～

奏讞書85　～以其殺武告丙

奏讞書81　丙與發弩贅荷捕～

奏讞書85　它如～

奏讞書90　～賊殺人

奏讞書86　捕～

奏讞書89　～壯平君

奏讞書86　至令～賊殺武

奏讞書90　丙贅捕～

奏讞書92　髳長～

蓋廬6　～＝上天

奏讞書96　信～丙贅皆當棄市

奏讞書92　捕～而縱之

0041 落
落　4
- 奏讞書 212　～莫行正旗下
- 引書 100　支～以利夜下

0042 蔡
蔡　5
- 奏讞書 168　而欲～毋入飯中
- 奏讞書 163　飯中有～長半寸
- 奏讞書 170　君出飯中～比之
- 奏讞書 167　食室中毋～

0043 薄
薄　3
- 二年律令 459　～道
- 奏讞書 207　即～（簿）出入

0044 菑
菑　4
- 奏讞書 18　與偕歸臨～（淄）
- 奏讞書 19　與偕歸臨～（淄）
- 奏讞書 23　與偕歸臨～（淄）

0045 蓋
蓋　15
- 筭數書 148　蓋　困～
- 奏讞書 126　～廬有資去
- 蓋廬 35　～廬曰

0046 荃
荃　1
- 二年律令 259　～蔞

0047 若
若　82
- 二年律令 88　當磔～要斬
- 奏讞書 180　父母～妻死者
- 二年律令 63　其能自捕～斬之

二年律令01 棄去之~降之

二年律令42 ~毆妻之父母

二年律令18 挾毒矢~謹毒

二年律令14 ~受賞賜財物

二年律令65 ~縛守將人

脈書40 面黯~炮色

二年律令71 ~告吏

二年律令02 ~先告吏

奏讞書225 ~思甚大害也

二年律令500 爲吏~繇使

二年律令383 子~主所信使

二年律令501 以令~丞印封櫝槥

0048

芻

25

二年律令255 十月户出~一石

二年律令240 頃入~三石

二年律令255 餘以入頃~律入錢

二年律令241 以當~稾

二年律令241 用~稾

二年律令240 入頃~稾

0049

薪

24

二年律令109 鬼~白粲

二年律令48 鬼~白粲

二年律令124 鬼~白粲罪

二年律令307 鬼~白粲

二年律令119 鬼~白粲

二年律令254 鬼~白粲

二年律令29　鬼～白粲毆庶人

二年律令35　鬼～白粲

奏讞書158　上造以上耐爲鬼～

奏讞書159　庢當耐爲鬼～

二年律令100　鬼～白粲罪

0050 重
折

11

二年律令27　～枳

二年律令197　而非殊～

0051
萊

1

奏讞書83　信舍人～告信

0052
草

3

二年律令246　大～

二年律令233　皆給～具

二年律令249　燔～爲灰

0053
萅

12

春　二年律令249　～夏毋敢伐材木

脈書53　～秋必淪

引書1　～産夏長秋收冬臧

引書2　～日蚤起

引書105　～日再昫

0054
著
1

遣策24　～（箸）部婁一

0055
⿱艹所

2

奏讞書 28
大夫～詣女子符

奏讞書 29
它如～

茻部

0056
莫

10

蓋廬 33
道遠日～（暮）

引書 7
卧欲～（暮）起

引書 4
毋～（暮）【起】

引書 42
～（暮）食爲千

脈書 55
而人～之智治

引書 26
甬～者并兩手

奏讞書 77
吏～追求

奏讞書 212
落～（暮）行正旗下

0057
葬

3

二年律令 377
已～卌日

奏讞書 186
夫父母死未～

奏讞書 183
喪棺在堂上未～

第二 小部——冊部

小部

0058 小

25

奏讞書 82 舍人～簪裹適

奏讞書 110 ～紿瘕相質五也

奏讞書 178 盜者～人之心也

二年律令 10 ～官印

二年律令 91 老～不當刑

二年律令 364 ～爵不更以下

二年律令 364 ～爵大夫以上

曆譜 3 九月癸未～

0059 少

75

奏讞書 49 當免作～府

奏讞書 222 邑中～人

二年律令 2 無～長皆棄市

二年律令 292 醬～半升

二年律令 293 酒～半斗

二年律令 314 ～上造八十四宅

二年律令 414 戍有餘及～者

二年律令 440 ～府令

二年律令 471 ～內

筭數書 136
~半【錢】

筭數書 139
~【一】錢

蓋廬 33
軍~以恐

二年律令 482
佐勞~者

筭數書 133
人三而~二

筭數書 134
以子~者除子多者

脈書 37
婦人則~腹種

脈書 41
是~陰之脈主治

脈書 7
得氣而~可

脈書 9
~腹痛

脈書 39
~陰之脈

脈書 47
是臂~陰之脈主治

引書 48
苦兩手~氣

引書 53
信~腹

引書 7
從昏到夜~半

引書 35
屬意~腹

八部

0060

八

八

171

二年律令 94
罰歲金~兩

二年律令 357
不更年五十~

二年律令 474
皆會~月朔日試之

0061

分

304

二年律令 221
諸侯王得置姬～子

二年律令 256
恒會～月望

奏讞書 204
尺百～十錢

奏讞書 68
～年四月

奏讞書 26
十年～月

二年律令 328
～月

曆譜 16
～月戊辰

奏讞書 105
買～講錢

奏讞書 204
錢千九百～十

二年律令 342
年未盈十～

二年律令 314
駟車庶長～十八宅

奏讞書 8
十一年～月

二年律令 314
少上造～十四宅

曆譜 14
～月己酉

曆譜 7
～月庚申

二年律令 57
智人盜與～

二年律令 445
秩各～百石

奏讞書 227
六年～月

二年律令 314
駟車庶長八十～宅

二年律令 314
大上造～十六宅

奏讞書 70
二百六十三石～斗

曆譜 11
～月丁酉

曆譜 6
～月丙寅

二年律令 140
尉～將令兼將

蓋廬 9
~爲五行

筭數書 127
四斗十一~升

筭數書 84
九十七~步

二年律令 233
車大夫醬四~升

二年律令 233
廿二~升

二年律令 293
鹽廿~升一

0062

尚

尚

5

二年律令 36
不同日而~告

二年律令 124
令自~

二年律令 462
長信~浴

0063

詹

詹

9

二年律令 467
長~事

二年律令 464
~事

二年律令 462
長信~事丞

0064

公

公

57

奏讞書 75
出行~梁亭

奏讞書 76
~梁亭校長丙

奏讞書 183
~士丁疾死

奏讞書 211
盜賊者~卒瘲等

奏讞書 212
其一人~士孔

二年律令 133
婦告威~

二年律令 355
~士七十四

二年律令 449
~車司馬

二年律令 356
~士六十五

二年律令 356
~卒以下六十六

二年律令 355
~卒士

0065 必

23

奏讞書 78　～盡得以灋論

二年律令 141　追求盜賊～伍之

引書 7　臥信～有跬也

奏讞書 182　捕奸者～案之校上

二年律令 380　～同居數

引書 104　是以～治八經之引

引書 35　病腸之始也～前張

蓋廬 4　～得天時

脈書 53　春秋～淊

0066 余

2

二年律令 454　～吾

引書 29　因～（徐）縱

釆部

0067 重 審

27

奏讞書 23　未出關得～

奏讞書 72　盜過六百六十錢～

二年律令 114　气鞫不～

奏讞書 26　瀐固有～

奏讞書 115　不～伐數

奏讞書 157　欲縱勿論得～

奏讞書 41　告誠不～

二年律令 135　奴婢自訟不～

奏讞書 114　不～伐數

0068

悉

2

奏讞書 222
~令黔首之田救螽

半部

0069

半

110

筭數書 138
黍斗一錢~錢

奏讞書 168
長~寸者六枚

二年律令 152
~購賞之

奏讞書 163
飯中有蔡長~寸

二年律令 142
得不能~得者獨除

二年律令 7
出其~

二年律令 139
~購詷者

筭數書 164
以~爲若干

引書 4
入宮從昏到夜~止

二年律令 316
司寇隱官~宅

二年律令 141
能得其~以上

筭數書 89
六斗黍~斗

引書 7
從昏到夜少~止之

二年律令 316
公士一宅~宅

二年律令 7
以~負船人

牛部

0070

牛

60

奏讞書 100
盜士五牝～

奏讞書 100
牝曰不亡～

奏讞書 102
毛牽黑牝～來

蓋廬 35
馬～未食

奏讞書 103
不與毛盜～

奏讞書 108
毛與講盜～狀何如

奏讞書 110
與講盜～

奏讞書 114
毛盜～時

奏讞書 115
安道與毛盜～

奏讞書 115
毛所盜～雅擾易捕

奏讞書 116
毛獨牽～來

奏讞書 116
毛笱不與講盜～

奏讞書 105
毛勉獨捕～

脈書 15
四節疕如～目

二年律令 6
其殺馬～及傷人

二年律令 411
縣官車～不足

二年律令 253
罰主金馬～各一兩

二年律令 8
流殺傷人殺馬～

二年律令 253
馬～羊㹠彘

二年律令 411
以貲共出車～及益

二年律令 411
與共出～食

二年律令 254
～羊

0071 牡  2

脈書 12
癰如棗爲～痔

0072 牝  2

脈書 12
汁出爲～痔

0073 牽  6

奏讞書 102
毛～黑牝牛

奏讞書 101
～之講室

奏讞書 116
毛獨～牛來

0074 牢  1

二年律令 437
～槀石三錢

0075 物  31

奏讞書 58
箸其馬職～

奏讞書 205
毋徵～以得之

二年律令 7
粟米它～

二年律令 8
亡粟米它～

二年律令 14
若受賞賜財～

二年律令 27
非用此～而盯人

二年律令 179
上其～數縣廷

二年律令 256
它～用稾數

二年律令 265
有～故去

二年律令 337
馬牛羊它財～

0076

⿰牛巳

4

奏讞書 100
～曰不亡牛

奏讞書 113
～不亡牛

奏讞書 100
盜士五～牛

告部

0077

告

108

奏讞書 77
獄～出入廿日

奏讞書 75
求盜甲～曰

奏讞書 188
～杜論甲

二年律令 38
父母～子不孝

奏讞書 29
弗～亡

奏讞書 28
～亡

二年律令 110
吏謹先以辨～證

二年律令 504
爲書～津關

二年律令 146
～吏

奏讞書 1
～爲都尉屯

奏讞書 39
以軍～

奏讞書 138
氏以～雇

二年律令 136
～律

二年律令 139
詗～罪人

二年律令 172
智其請而捕～

二年律令 64
弗能捕斬而～吏

二年律令 172
詗～吏捕得之

二年律令 68
若～吏

二年律令 2　若先～吏

二年律令 509　爲致～津關

二年律令 509　守各以匹數～買所

口部

0078 口

14

引書 97　手與～俱上俱下

引書 99　啟～以卬以利鼻

引書 100　秏而勿發以利～

脈書 41　～熱舌柝

脈書 32　目黄～乾

引書 34　～誶

0079 噲

2

奏讞書 203　女子～

奏讞書 216　刀環～旁㡇

0080 吸

4

引書 104　虖～天地之精氣

引書 108　～天地之精氣

引書 53　因～飯氣

0081 吹

2

脈書 24　數～（欠）顔墨

0082 名

33

二年律令 324　有畀之所～田宅

奏讞書 12　不書～數

奏讞書 28　自以爲未有～數

0084 君　0083 吾

君 25　吾 14

奏讞書29 以令自占書～數

奏讞書29 符有～數明所

奏讞書34 詐書～數

奏讞書65 平智種毋～數

二年律令15 所避毋罪～

二年律令216 諸使而傳不～

蓋廬4 王～可成

奏讞書10 不書～數

0083 吾

蓋廬21 ～擊之以火

蓋廬39 ～示以悲

蓋廬37 ～禹以希

0084 君

奏讞書89 蒼壯平～

奏讞書89 贅威昌～

奏讞書162 説進炙～

奏讞書163 ～及夫人皆怒

奏讞書163 ～曰

奏讞書172 ～復置炙前

奏讞書172 ～曰善戈

奏讞書176 柳下季爲魯～治之

奏讞書177 ～子之節也

奏讞書178 禮者～子學也

奏讞書178 盜～子節

奏讞書179 ～曰當戈

0085

命

30

蓋廬 50

自置爲～

脈書 55

故～子肥而失其度

二年律令 153

群盜～者

蓋廬 13

右水而軍～曰大頃

蓋廬 13

左水而軍～曰順行

蓋廬 12

～曰乘埶

蓋廬 12

～曰絶紀

蓋廬 12

～曰大武

蓋廬 11

當陵而軍～曰申固

蓋廬 12

～曰清施

筭數書 141

～曰各而少三

0086

召

5

奏讞書 139

誘～稍來

奏讞書 153

誘～寂城中

奏讞書 131

誘～稍來

0087

問

53

奏讞書 13

～媚年卌歲

奏讞書 71

～恢盜臧過

奏讞書 138

庴～氏以告庴

筭數書 133

～幾何人錢幾何

筭數書 84

～幾何步一斗

奏讞書 202

訊～女子嚕

奏讞書 207

謙～其居處之狀

奏讞書 214

即謏～黔首

二年律令 396

～（聞）二千石官

0088
唯

5

二年律令 106
～謁屬所

奏讞書 134
～謂雇久矣

奏讞書 133
竈徒～曰

0089
和

22

奏讞書 101
盜士五～牛

奏讞書 103
曰～牛也

奏讞書 187
與男子～奸喪旁

二年律令 18
～爲謹毒

二年律令 19
得～爲毒

二年律令 192
諸與人妻～奸

二年律令 302
毋爵以～酒

二年律令 461
～〈私〉府鹽

引書 103
食歓不～

引書 107
以其喜怒之不～也

0090
台

2

蓋盧 36
吾侍之以～（怠）

0091
咸

8

奏讞書 111
與偕之～陽

奏讞書 116
～陽

奏讞書 114
講道～陽來

奏讞書 106
下總～陽

二年律令 447
～陽

奏獻書 227
～陽丞穀禮敢言之

奏讞書 227
～陽丞穀禮敢言之

0092 吉

3

奏讞書 67
守丞～

奏讞書 74
守丞～

0093 周

16

筭數書 148
囷蓋下～六丈

引書 99
～脈循奏理

二年律令 452
陽～

二年律令 452
平～

0094 唐

7

筭數書 129
一日爲盧～十五

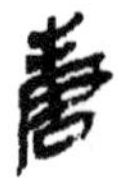

筭數書 129
一竹爲三盧～

筭數書 129
因爲盧～

脈書 8
爲～（溏）叚

脈書 35
～（溏）泄死

0095 各

122

二年律令 8
金～四兩

二年律令 52
罰金～二兩

二年律令 111
它～以其所出入罪

二年律令 414
～旬五日

二年律令 415
罰金～四兩

二年律令 445
秩～八百石

二年律令506 ~以所買名匹數告

引書11 陰陽~三十而更

引書12 摩足跗~卅

筭數書134 ~異直之

遣策25 素冠縠冠~一

0096 哀

1

奏讞書187 而甲夫死不悲~

哭部

0097 哭

2

脈書56 且聞~音

奏讞書183 環棺而~

0098 喪

6

奏讞書183 與丁母素夜~

奏讞書195 與男子奸棺~旁

奏讞書186 妻事夫及服其~

奏讞書186 未葬奸~旁者

奏讞書187 與男子和奸~旁

奏讞書183 ~棺在堂上

走部

0099 走 12

奏讞書 214
爲～士

奏讞書 223
以刀刺奪錢去～

二年律令 461
～士

引書 32
汗出～（腠）理

0100 越 9

二年律令 488
～塞

二年律令 494
亡人～關

二年律令 523
闌出入～之

0101 蹇 1

二年律令 65
令彼～（蹇）

0102 趙 2

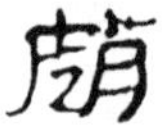

奏讞書 24
助～邯鄲城

奏讞書 24
從兄～地

止部

0103 止 15

引書 3
大半～之

引書 4
入宫從昏到夜半～

二年律令 306
～行及作田者

奏讞書 34
斬左～（趾）爲城旦

二年律令 135
斬奴左～（趾）

二年律令 88
斬右～（趾）

二年律令 194
斬左～（趾）

二年律令 93
斬左～（趾）爲城旦

二年律令 88
故劓者斬左～（趾）

二年律令 422
盡三月～

0104

歬

65

前 脈書 20
出耳～

蓋廬 13
有～十里毋後十步

奏讞書 141
～後不同

蓋廬 29
相其～後與其進芮

奏讞書 152
不署～後發

引書 56
而～軵手

奏讞書 83
欲～就武

奏讞書 105
它如～

奏讞書 111
它如～

引書 96
壹～後

引書 35
必～張

奏讞書 172
君復置炙～

奏讞書 217
～忘即曰弗予

奏讞書 117
恐不如～言

奏讞書 219
～曰得輮

0105

歸

24

- 引書101　～厥以利股厀
- 引書17　屈～厀
- 奏讞書18　與偕～臨菑
- 奏讞書19　與偕～臨菑
- 奏讞書198　操簦道市～
- 奏讞書213　有頃即～
- 二年律令19　匿及弗～
- 二年律令160　奴婢亡自～主
- 二年律令344　子謁～户許之
- 二年律令456　姊～
- 奏讞書181　～寧廿日

步部

0106

步

121

- 引書101　禹～以利股閒
- 二年律令246　袤二百卌～
- 二年律令314　宅之大方卌～
- 引書4　～足堂下
- 蓋盧13　有前十里毋後十～
- 二年律令246　田廣一～

0107

歲

62

- 蓋盧3　得時則～年孰
- 二年律令115　年未盈十～
- 二年律令86　有罪年不盈十～

二年律令 90 毄城旦舂六～

奏讞書 13 年卌～

奏讞書 15 年卌～得皆審

奏讞書 45 年卌七～

二年律令 134 年未盈十～

此部

0108

此

65

奏讞書 93 以～當耆

奏讞書 94 以～當信

奏讞書 95 以～當丙贅

奏讞書 158 以～當雇

奏讞書 179 ～以完爲倡

奏讞書 205 毋～券

奏讞書 215 公士孔以～鞞予僕

二年律令 18 不用～律

二年律令 27 其非用～物

二年律令 47 亦得毋用～律

二年律令 153 所捕過～數者

二年律令 235 不用～律

蓋廬 28 ～用日月之道也

引書 6 ～利道也

引書 85 ～皆三而已

筭數書 87
程它物如～

蓋廬 26
～用五行之道也

蓋廬 10
～天之時也

脈書 41
～爲骨蹷

正部

0109
正

28

引書 11
～信兩足廿

蓋廬 51
刑～危

奏讞書 212
落莫行～旗下

奏讞書 184
～始

二年律令 201
～典

二年律令 215
獄無輕重關於～

曆譜 8
～月丁巳

曆譜 14
～月癸未

二年律令 329
數在所～典弗告

曆譜 11
～月庚午

曆譜 9
～月壬子

0110
乏

9

奏讞書 146
儋～不鬬

奏讞書 158
以儋～不鬬律論

奏讞書 158
儋～不鬬

二年律令269

~事罰金二兩

二年律令269

非~事也

二年律令405

守隧~之

是部

0111

是

昰

41

脈書39

~勭即病

引書103

~以

脈書17

~勭則病

引書104

~以必治八經之引

脈書20

~勭則病

脈書55

~胃筋骨不勝其任

奏讞書146

~庢欲繹縱罪人也

奏讞書42

~賊傷人也

奏讞書109

毛言而~

奏讞書20

~闌來誘及奸

奏讞書189

議曰當非~

奏讞書163

問史猷治獄非~

奏讞書150

~庢欲繹縱罪人

辵部

0112 迹 3

奏讞書77 其從～類或殺之

0113 迣 21

徒 二年律令452 ～涅

奏讞書56 佐惰等詐簿爲～養

奏讞書174 過百到二百爲白～

二年律令140 發吏～足以追捕之

奏讞書175 白～者當今隸臣妾

奏讞書129 蒼梧守竈尉～唯

二年律令293 ～隸

奏讞書54 佐啟主～

二年律令7 ～負一

二年律令254 罰吏～主者

奏讞書179 有白～罪二

0114 隨 4

奏讞書211 令人微～視

奏讞書172 ～（髶）髮

0115 述 2

筭數書148 乘之之～（術）曰

0116 適

18

- 蓋盧 38　～（敵）人逐北
- 蓋盧 40　～（敵）人來
- 二年律令 361　以～（嫡）子

0117 過

31

- 二年律令 55　直～六百六十錢
- 奏讞書 72　盜～六百六十錢
- 奏讞書 71　盜臧～六百六十錢
- 脈書 57　則視有～之脈
- 二年律令 235　二千石毋～十人
- 二年律令 153　所捕～此數者
- 二年律令 234　皆毋～再食
- 脈書 65　謹視當脈之～
- 二年律令 396　死罪及～失
- 脈書 50　則不～十日而死
- 奏讞書 174　～百到二百爲白徒
- 奏讞書 174　～二百到千

0118 進

12

- 二年律令 249　及～〈壅〉隄水泉
- 蓋盧 29　前後與其～芮
- 蓋盧 13　軍恐疏遂軍恐～舍
- 引書 10　更～退卌
- 奏讞書 162　媚～食夫人
- 奏讞書 162　說～炙君

0119 造

22

- 二年律令 361　上～以上
- 二年律令 312　上～二頃
- 二年律令 314　少上～八十四宅

二年律令 314
大上～八十六宅

二年律令 82
上～

二年律令 85
上～

奏讞書 158
上～以上耐爲鬼薪

0120

還

9

奏讞書 142
跍主～未來

奏讞書 156
當～跍

二年律令 350
毋～免徙

0121

逆

3

蓋廬 3
循天之時～

0122

遇

2

奏讞書 157
吏所興與群盜～

二年律令 142
與盜賊～而去北

0123

逢

4

奏讞書 200
雖有～見

奏讞書 200
起市中誰～見

0124

通

2

二年律令 63
～歓食

0125

辿

12

徙　奏讞書 18
～處長安

奏讞書 24
今闌來送～者

二年律令 329
及實不～數盈十日

0126 送

13

二年律令 350
毋還免～

奏讞書 23
闌～南取以爲妻

二年律令 275
更封而署其～徼

二年律令 225
傳～出津關

二年律令 347
雖不免～（徙）

二年律令 269
發徵及有傳～

奏讞書 20
來～南而取爲妻

奏讞書 18
闌～行取爲妻

0127 遺

8

二年律令 347
～都吏

奏讞書 3
即～之

奏讞書 4
窯已～

二年律令 232
若～吏

二年律令 347
～都吏效代

0128 逮

2

二年律令 152
以告[劾]～捕人

0129 避

6

二年律令 15
及毋～也

二年律令 15
以所～罪罪之

二年律令 15
所～毋罪名

0130 逋

5

二年律令 143
[已]受令而～

二年律令 157
給～事皆籍亡日

二年律令 399
當奔命而～不行

0131 遺

3

二年律令 63
通歈食餽～之

二年律令 376
須～腹産

二年律令 376
其寡有～腹者

0132 遂

2

蓋盧 13
軍恐疏～軍恐進舍

二年律令 107
篡～縱之

奏讞書 158
篡～縱因

0133 追

14

二年律令 141
吏將徒～求盜賊

二年律令 19
節～外蠻夷盜

奏讞書 77
吏莫～求

二年律令 306
救水火～盜賊

奏讞書 37
與求盜視～捕武

奏讞書 39
與池～捕武

0134 逐

3

蓋盧 38
適人～北

0135 近

2

二年律令 117
各移旁～郡

二年律令 266
～邊不可置郵者

0136 遠

6

筭數書 126
負炭～到官

蓋盧 33
道～日莫

蓋盧 30
濁以高～者

0137

道

107

奏讞書 198
或～後類壍軵

蓋廬 34
此十者攻軍之～也

二年律令 102
縣～官守丞

筭數書 126
今欲～官往之

蓋廬 49
此十者救民～也

蓋廬 54
此十者救亂之～也

筭數書 126
負炭～車到官

奏讞書 118
～肩下到要

奏讞書 172
令人～後扇

二年律令 213
縣～官

二年律令 219
縣～官

引書 6
此利～也

引書 112
此利身之～也

奏讞書 110
～肩下到要

奏讞書 114
講～咸陽來

奏讞書 115
安～與毛盜牛

二年律令 105
在所縣～界

二年律令 243
縣～已豤田

蓋廬 28
此用日月之～也

二年律令 457
夷～

0138

邉

9

二年律令 74
盜出財物于～關徼

二年律令 141
皆戍～二歲

二年律令 19
吏緣～縣道

0139 适	彳部	0140 德	0141 徑	0142 復

3		15	16	83
 奏讞書 82 舍人小簪褭～守舍		 蓋廬 3 行地之～	 筭數書 155 圜材之～也	 奏讞書 144 幸南郡來～治
 奏讞書 82 武發～⿱羽子		 蓋廬 1 行地之～	 筭數書 26 ～分	 奏讞書 40 以武當～爲軍奴
		 奏讞書 89 廣～里	 二年律令 219 毋得～請	 奏讞書 13 自當不當～爲婢
		 蓋廬 9 日月爲刑～		 奏讞書 102 即～牽去
				 奏讞書 13 ～婢賣媚
				 引書 101 ～據以利要
				 二年律令 158 後～亡當贖耐者
				 奏讞書 12 媚～爲婢
				 筭數書 165 ～之

奏讞書117 恐不如前言即~治

奏讞書116 即~牽去

奏讞書172 君~置炙前

奏讞書110 識捕而~縱之

二年律令504 ~傳

引書104 信~（腹）折要

0143 往

4

奏讞書130 ~殺

筭數書126 今欲道官~之

奏讞書136 ~殺

奏讞書135 發新黔首~候視

0144 彼

1

奏讞書118 以~治罪也

0145 徼

6

二年律令404 乘~

二年律令275 其送~（徼）

二年律令61 ~外人來入爲盜者

奏讞書60 詐更其~（檄）書

0146 循

8

引書99 周脈~奏理

二年律令286 吏各~行其部中

蓋盧3 ~天之時

0147 微 7

- 奏讞書 227 獄史能得～難獄
- 奏讞書 227 舉闕得～難獄
- 奏讞書 226 其所以得者甚～巧
- 奏讞書 211 令人～隨視

0148 徐 4

- 脈書 57 治病者取有～（餘）
- 筭數書 185 方十六步有～（餘）

0149 重 退 2

- 引書 10 更進～卌曰襲前

0150 後 100

- 二年律令 391 置～律
- 奏讞書 141 前～不同
- 奏讞書 185 死置～之次
- 二年律令 359 不爲～而傳者
- 奏讞書 189 繇使而～來
- 二年律令 370 諸死事當置～
- 二年律令 369 毋爵者其～爲公士
- 奏讞書 185 以律置～
- 二年律令 312 令其～先擇田
- 奏讞書 198 或道～類塹軵
- 二年律令 158 ～復亡當贖耐者
- 奏讞書 142 ～所發新黔首

0151

得

215

二年律令414
隤～年

二年律令378
同産相爲～

奏讞書42
聽視而～與吏辯

曆譜1
～九月

曆譜7
～九月己未

曆譜18
～九月乙☐

蓋廬13
有前十里毋～十步

蓋廬29
相其前～

蓋廬35
何前何～

引書2
蚤起之～

引書4
棄水之～

引書70
～信右足

脈書27
肩脈起于耳～

蓋廬4
必～天時

筭數書94
如法～一步

奏讞書85
丙與贅共捕～蒼

蓋廬3
～時則歲年孰

二年律令19
～和爲毒

奏讞書10
點～媚

奏讞書11
六年二月中～媚

奏讞書12
點～占數媚

奏讞書205
讂求其左弗～

0152

律

72

奏讞書 205
毋徵物以～之

奏讞書 217
～韗予僕

奏讞書 19
未出關～

奏讞書 19
闌非當～取南爲妻

奏讞書 53
有署出弗～

奏讞書 157
欲縱勿論～審

奏讞書 203
順等求弗～

奏讞書 227
獄史能～微難獄

奏讞書 227
舉闕～微難獄

二年律令 123
不闕者

二年律令 5
弗～

二年律令 69
吏捕～之

奏讞書 93
～賊殺人棄市

奏讞書 185
～死置後之次

奏讞書 158
～僋乏不鬭斬

奏讞書 180
～曰諸有縣官事

奏讞書 188
不孝勢悍之～二章

奏讞書 189
～曰不孝棄市

奏讞書 35
～白不當讞

奏讞書 72
～盜臧直

奏讞書 158
以僋乏不鬭～論

奏讞書 95
～縱囚與同罪

二年律令 439
金布～

二年律令 107
諸～令

二年律令172 以舍亡人～論之

二年律令395 爵～

0153

御

42

二年律令232 ～史

二年律令296 ～史比六百石

二年律令486 茜～

二年律令516 相國～史以聞

廴部

0154

廷

37

奏讞書190 ～尉穀等曰不當論

奏讞書53 ～報有當贖耐

奏讞書59 ～報

奏讞書192 ～尉穀等曰

奏讞書189 非～尉當

奏讞書190 ～尉穀等曰當棄市

奏讞書7 ～報當要斬

奏讞書60 ～報

奏讞書189 ～史申繇使而後來

二年律令331 謹副上縣～

二年律令179 上其物數縣～

二年律令328 副臧其～

0155

建

5

秦讞書 67
卒史～舍

秦讞書 151
[illegible]來會～曰羛死

秦讞書 74
卒史～舍

秦讞書 74
恢居酈邑～成里

㢟部

0156

延

1

二年律令 4
其失火～燔之

行部

0157

行

83

秦讞書 2
～未到去亡

秦讞書 2
～未到

秦讞書 18
闌送～取爲妻

秦讞書 26
不害～廷尉事

秦讞書 37
西～

秦讞書 75
淮陽守～縣掾

秦讞書 75
出～公粱亭

秦讞書 212
落莫～正旗下

二年律令 17
其事可～者勿論

0160 衛	0159 衙	0158 術
18	1	14

（行）

- 二年律令60 ～賕者
- 二年律令104 ～鄉官視它事
- 二年律令104 ～離官有它事
- 蓋廬10 分爲五～
- 蓋廬26 此用五～之道也
- 蓋廬5 ～皮四時
- 二年律令463 詹事將～
- 蓋廬1 ～地之德
- 二年律令318 令輒以次～之
- 二年律令199 故毀銷～錢
- 二年律令247 有陷敗不可～

0158 術

- 筭數書153 ～曰因而五之爲實
- 筭數書113 ～曰母相乘爲法
- 二年律令245 盜傷巷～

0159 衙

- 二年律令448 慎～藟田新野

0160 衛

- 衛 二年律令278 ～取
- 二年律令464 司空及～〈衛〉官
- 二年律令446 ～〈衛〉尉候
- 二年律令446 ～〈衛〉將軍候
- 奏讞書128 畸卌六里不～

齒部

0161 齒

17

脈書 3
在～痛

二年律令 27
折枳～指

奏讞書 202
其～類賈人券

0162 齕

1

奏讞書 199
女子～出

0163 齦

1

脈書 51
～齊齒長

0164 齧

1

引書 18
～而垔頭

足部

0165 足

91

脈書 20
～外反

引書 93
雇右～蹱

筭數書 136
不～以爲法

脈書 12
在～下爲殿

二年律令 255
～其縣用

脈書 57
故聖人寒頭而煖～

足（續）

- 二年律令142 力～以追逮捕之
- 二年律令481 史人不～乃除佐
- 二年律令241 ～其縣用
- 奏讞書181 鐵纇其～
- 二年律令140 ～以追捕之
- 二年律令411 縣官車牛不～

0166

踝

17

- 脈書12 在～下癰
- 脈書19 足小指～〈髀〉
- 引書43 在外～引右股陽筋

0167

踐

9

- 奏讞書111 即～更
- 奏讞書106 ～十一月更外繇
- 奏讞書103 ～更咸陽

0168

踵

13

- 二年律令486 ～更大祝
- 蹱 引書9 信胻直～
- 引書102 敦～
- 引書99 以利～首
- 引書51 頭手皆下至～

0169

蹢

1

- 引書102 反擊以利足～

0170 蹶

7

引書41 更～之

蹷 脈書46 此爲臂～（厥）

脈書25 此爲骭～（厥）

引書106 人之所以善～（蹶）

0171 距

2

引書99 蛇甄以利～腦

0172 跗

1

引書12 摩足～各卅

0173 跌

1

引書102 ～指以利足氣

0174 蹯

2

引書36 左足～（蹠）壁

冊部

0175 扁

2

脈書38 ～（偏）山

第三　㗊部——用部

㗊部

0176
器

10

奏讞書 215
受孔衣～錢財

二年律令 267
叚～皆給水漿

二年律令 208
頗有其～具未鑄者

舌部

0177
舌

2

脈書 39
夾～本

干部

0178
干

7

筭數書 164
下有若～步

筭數書 164
以一爲若～

筭數書 164
以半爲若～

商部

0179 商

𠷎 (seal) — 2

二年律令 451　上雒～武城

句部

0180 句

(seal) — 3

引書 45　左手～（勾）左足指

0181 笱

(seal) — 2

奏讞書 116　毛～（苟）

奏讞書 117　毛～（苟）不與講盜

0182 鉤

(seal) — 1

引書 16　佛而反～之

十部

0183 十

十 (seal) — 492

筭數書 91　取枲程～步三韋

奏讞書 63　八年～月己未

奏讞書 83　居～餘日

（十，續）

- 二年律令235 二千石毋過～人
- 奏讞書108 以～月中見講
- 二年律令234 留過～日者
- 奏讞書1 ～一年八月
- 奏讞書8 ～一年八月甲申
- 奏讞書26 ～年八月庚申
- 奏讞書103 以～一月行
- 二年律令91 百一～錢以上
- 二年律令56 不盈百一～
- 二年律令470 秩各百六～石
- 二年律令474 史卜子年～七歲學
- 二年律令509 ～二
- 奏讞書36 ～年七月辛卯朔
- 曆譜16 ～月壬申
- 曆譜12 ～一月乙丑

0184

丈

43

- 引書36 右手把～（杖）
- 引書67 令其高～
- 二年律令285 用縵二～
- 二年律令285 用縵六～四尺
- 筭數書148 囷蓋下周六～
- 二年律令246 道廣二～

0185

千

85

- 奏讞書174 二百到～完爲倡
- 奏讞書9 賈錢萬六～
- 奏讞書71 五～五十

0186

廿

廿

99

二年律令 106
二～石官

二年律令 147
二～石官

奏讞書 198
但錢～二百

二年律令 213
郡守二～石官

二年律令 235
二～石毋過十人

二年律令 235
～石到六百石

筭數書 172
同之～八十九

引書 42
莫食爲～

奏讞書 77
獄告出入～日

奏讞書 176
盜一錢到～錢

奏讞書 228
爲奏～二牒

二年律令 315
五大夫～五宅

二年律令 315
公乘～宅

二年律令 470
各百～石

二年律令 472
秩各百～石

二年律令 485
佐爲吏盈～歲

二年律令 520
～二

二年律令 523
～三

筭數書 154
二寸～五分

筭數書 91
今乾之～八寸

筭數書 111
粟求糳～四之

筭數書 160
廣～三步

引書 64
～而休

0187

卌

33

- 二年律令 56　百一十到～二錢
- 二年律令 56　不盈～二錢到一錢
- 二年律令 293　鹽～分升一
- 奏讞書 15　年～歲
- 筭數書 159　以二百～步爲實
- 奏讞書 128　它獄四百～九日
- 奏讞書 128　畸～六里不衛
- 奏讞書 13　問媚年～歲

卅部

0188

卅

74

- 丗 引書 11　正信兩足～
- 引書 12　瘳足踇各～
- 筭數書 81　～六
- 二年律令 314　宅之大方～步
- 奏讞書 184　廷史武等～人
- 奏讞書 181　歸寧～日
- 二年律令 377　已葬～日
- 奏讞書 45　年～七歲
- 二年律令 266　～里一郵

言部

0189

言

56

二年律令 12
諸上書及有～也

二年律令 110
證不～請

二年律令 110
獄未鞫而更～請

二年律令 520
丞相上魯御史書～

奏讞書 228
勸它吏敢～之

奏讞書 92
敢～之

奏讞書 117
以此不蚤～請

奏讞書 71
興義～皆如恢

奏讞書 227
咸陽丞穀禮敢～之

奏讞書 118
何故～曰與謀盜

奏讞書 68
南郡守强敢～之

奏讞書 68
種縣論敢～之

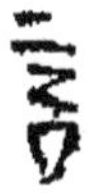
奏讞書 85
蒼～爲信殺

0190

謂

27

奏讞書 83
以～武

奏讞書 80
信～蒼

二年律令 18
或命糴～繫毒

蓋廬 4
此～順天

奏讞書 211
偏令人微隨視爲～

奏讞書 133
教～庢

0191

請

39

謂		
奏讞書 134	弗～害難	
奏讞書 26	～胡嗇夫讞獄史闌	
奏讞書 207	徧視其爲～	

請		
奏讞書 117	不蚤言～（情）	
二年律令 110	證不言～（情）	
奏讞書 117	以此不蚤言～（情）	
奏讞書 145	以偕捕之～（情）也	
二年律令 121	其證不言～（情）	
二年律令 110	更言～（情）者	
二年律令 172	智其～（情）而捕告	
二年律令 523	～爲夾谿河置關	

0192

謁

22

謁	
奏讞書 228	～以補卒史
奏讞書 7	～報
奏讞書 68	上奏七牒～以聞
二年律令 463	長秋～者令
二年律令 86	～罰金一兩
二年律令 305	輒～吏典
二年律令 344	子～歸户許之
奏讞書 100	疑盜～論

0193

許

22

許	
二年律令 86	～之
二年律令 115	～之
二年律令 160	皆～之

二年律令 239
當受田者欲受～之

二年律令 262
欲除它人者～之

二年律令 316
欲爲户者～之

二年律令 320
不比其宅者勿～

二年律令 340
皆～之

二年律令 345
非户時勿～

0194

讎

4

二年律令 333
官恒先計～

引書 2
所以益～（壽）也

0195

諸

64

二年律令 1
降～侯

二年律令 107
～律令

二年律令 12
～上書及有言也

二年律令 192
～與人妻和奸

二年律令 1
～侯人來攻盜

二年律令 232
～二千石官

奏讞書 22
即從～侯來誘也

奏讞書 24
以亡之～侯論

二年律令 208
～謀盜鑄錢

二年律令 221
～侯王

奏讞書 20
南亡之～侯

0196

謀

29

二年律令 22
～賊殺傷人

二年律令 68
～劫人求錢財

奏讞書 100
毋它人與～

奏讞書 118 何故言曰與～盜	奏讞書 106 講與毛～盜牛	二年律令 208 諸～盜鑄錢	蓋廬 4 凡用兵之～
奏讞書 115 不與講～它如故獄	二年律令 23 及與～者	二年律令 1 及～反者	
二年律令 71 相與～劫人	奏讞書 92 ～賊殺獄史武	二年律令 2 其坐～反者	

0197

論

90

脈書 64 ～有過之脈	奏讞書 60 內當以爲僞書～	二年律令 17 其事可行者勿～	奏讞書 176 ～完丁爲倡
奏讞書 158 以儋乏不鬬律～	二年律令 192 以强奸～之	奏讞書 193 欺死夫毋～	二年律令 163 以奴婢律～之
奏讞書 146 不以灋～之	奏讞書 146 ～之有灋	二年律令 396 獄已具毋庸～	奏讞書 188 告杜～甲

0198 議 6

- 講　奏讞書 189　~曰當非是
- 奏讞書 194　廷尉史~
- 奏讞書 24　吏~闌與清同類

0199 詳 2

- 奏讞書 17　~（佯）病臥車中

0200 識 8

- 奏讞書 110　~捕而復縱之
- 奏讞書 134　忘弗~
- 二年律令 431　有~者

0201 訊 26

- 奏讞書 71　石亡不~
- 奏讞書 76　弗窮~
- 奏讞書 105　詰~毛于詰
- 奏讞書 117　覆者~毛
- 奏讞書 199　~婢
- 奏讞書 202　~問
- 奏讞書 212　乃收~其士五武
- 奏讞書 218　詰~女孔
- 二年律令 111　譯~人爲詐偽

0202 謹 23

- 奏讞書 86　不~奉灋以治
- 二年律令 19　毒矢~臧
- 二年律令 116　~聽
- 二年律令 18　毒矢若~（堇）毒
- 二年律令 110　吏~先以辨告證
- 二年律令 18　和爲~（堇）毒

奏讞書 164 臣～案説

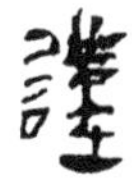
奏讞書 149 人臣當～奏瀍以治

奏讞書 162 爲君夫人治食不～

0203

信

77

二年律令 466 長～宧者中監

二年律令 466 長～光巷

二年律令 463 長～永巷

奏讞書 75 新鄭～爰書

奏讞書 81 爲～殺即縱蒼

奏讞書 82 ～曰五月中

奏讞書 94 以此當～

引書 8 ～（伸）胻詘指卅

奏讞書 85 蒼言爲～殺

奏讞書 96 ～蒼丙贅皆當棄市

引書 9 ～（伸）胻直踵

奏讞書 92 新鄭～

奏讞書 83 舍人萊告～曰

引書 59 ～（伸）左足

引書 11 正～（伸）兩足卅

二年律令 440 長～詹事

0204

誠

11

奏讞書 28 符曰～亡

奏讞書 85 蒼言爲信殺～

奏讞書 41 告～不審

0205 詔

詔　8

奏讞書 43
~以劍擊傷視

奏讞書 39
~以劍刺傷武

奏讞書 147
欲陛下幸~痽

二年律令 18
~所令縣官爲挾之

二年律令 502
~曰

0206 試

試　2

二年律令 474
皆會八月朔日~之

0207 説

説　5

奏讞書 83
信來不~

奏讞書 162
辛人大夫~進炙君

奏讞書 163
~毋罪

奏讞書 164
臣謹案~

0208 計

計　9

二年律令 333
官恒先~讎

二年律令 179
以臨~

奏讞書 185
人事~之

二年律令 484
上~脩灋

0209 調

調　2

二年律令 482
謹以吏員~官史

0210 謙

5

奏讞書 228
舉闕毋害～（廉）絜

奏讞書 207
～（廉）問

0211 詷

1

二年律令 172
及～〈詗〉告吏

0212 設

1

二年律令 267
郵各具席～井磨

0213 譑

2

引書 34
口～（呼）皆十而已

0214 詣

11

奏讞書 1
發弩九～男子毋憂

二年律令 474
學佴將～大史

奏讞書 215
弗～吏有罪

奏讞書 215
走馬僕～白革鞞

二年律令 160
或欲勿～吏論者

二年律令 140
亟～盜賊發及之所

二年律令 474
郡史學童～其守

奏讞書 216
刀入僕所～鞞中

奏讞書 156
傳～脩

0215 講

49

奏讞書 105
分～錢

奏讞書 110
～曰

奏讞書 115
不與～謀它如故獄

奏讞書 116
其妻租言如～

奏讞書 116
毛笱不與～盜牛

奏讞書 117
毛笱不與～盜

奏讞書 118
不能支疾痛即誣～

0216
訑

2

奏讞書 178
以上功再～其上

0217
謾

3

奏讞書 219
～曰弗予

二年律令 12
上書及有言也而～

0218
詐

18

奏讞書 28
～（詐）自以爲

奏讞書 34
～（詐）書名數

奏讞書 54
敢～（詐）簿曰

奏讞書 78
姦～（詐）

二年律令 14
諸～（詐）增減券書

二年律令 14
故～（詐）弗副

二年律令 261
～（詐）紿人

0219
誣

7

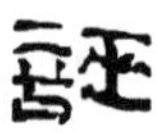

二年律令 121
其證不言請～人

奏讞書 118
不能支疾痛即～講

奏讞書 119
不智毛～講

（續上頁）

奏讞書 114
即～指講

二年律令 126
～告人以死罪

0220 誤 9

二年律令 17
而～多少其實

筭數書 93
租禾～券者

筭數書 97
以～券爲法

0221 詿 1

蓋廬 54
暴亂毋親而喜相～

0222 訮 2

奏讞書 226
～（研）詗求得

奏讞書 210
～（研）詗

0223 詐 2

奏讞書 56
佐悁等～簿爲徒養

0224 訟 1

二年律令 135
奴婢自～不審

0225 詁 19

奏讞書 217
～訊僕孔

奏讞書 219
～孔

奏讞書 85
～丙

奏讞書 11
～媚

奏讞書 44
～視

奏讞書 117
～毛

	0226 證	0227 詘	0228 訶	0229 諛	0230 誰
	3	8	6	3	7

詰

奏讞書105 詰訊毛于~

奏讞書105 ~訊毛于詰

0226 證

二年律令110 吏謹先以辨告~

二年律令110 ~不言請

二年律令121 其~不言請

0227 詘

脈書63 ~（屈）兩厀

引書8 信胻~（屈）指卌

引書10 左右~（屈）胻

0228 訶

二年律令205 ~告吏

二年律令139 ~告罪人

二年律令139 半購~者

奏讞書226 訮~求得

0229 諛

奏讞書205 ~求其左弗得

奏讞書214 即~問黔首

0230 誰

二年律令235 前縣以~（推）續食

奏讞書200 起市中~逢見

奏讞書191 ~與不聽

奏讞書191—192 罪~與夫死而自嫁

0231 診 13

奏讞書 165 臣有~炙肉具

奏讞書 166 臣有~夫人食室

二年律令 93 及~報

奏讞書 88 ~問蒼信

奏讞書 118 ~毛北

0232 誅 1

二年律令 12 或~斬除

0233 重 詢 3

二年律令 41 其奊~詈之贖黥

二年律令 42 其奊~詈之

0234 訞 1

蓋廬 4 ~（妖）孽不來

0235 譓 1

奏讞書 119 以毛~〈謾〉笞

誩部

0236 重 善 17

引書 40 郄~痛

引書 40 兩胻~塞

引書 40 取木~削之

引書 48
指端湍湍～畀

引書 106
人之所以～蹷

奏讞書 172
君曰～哉

二年律令 163
所免不～

奏讞書 134
勉力～（繕）備

二年律令 338
養之不～

音部

0237
音

2

脈書 56
且聞哭～

0238
章

8

奏讞書 188
律二～

二年律令 501
以印～告關

奏讞書 152
毋～杂不可智

0239
竟

1

二年律令 456
～陵

辛部

0240
童

9

二年律令 474
郡史學～詣其守

引書 10
曰纍～（動）

脈書 2
脈蔽～（瞳）子

0241 妾

妾 21

奏讞書 66 皆耐爲隸臣～

奏讞書 175 當令隸臣～

二年律令 33 耐爲隸～

二年律令 16 耐爲隸臣～

二年律令 55 耐爲隸臣～

二年律令 124 司寇隸臣～

奏讞書 210 隸～每等晨昧里

奏讞書 182 耐爲隸臣～

丵部

0242 對

對 2

奏讞書 83 其應～有不善

奏讞書 213 瞻視應～宦奇

菐部

0243 僕

僕 17

二年律令 267 有縣官事而無～

奏讞書 217 詰訊～孔

奏讞書 215 公士孔以此鞞予～

奏讞書 216 刀入～所詣鞞中

奏讞書 206 人臣～

奏讞書 216 未嘗予～鞞

奏讞書 217　得鞞予～

二年律令 267　有～者

奏讞書 219　即以鞞予～

奏讞書 215　走馬～詣白革鞞

奏讞書 219　何故以空鞞予～

収部

0244 奉

6

引書 51　兩手～尻

引書 21　兩手～

奏讞書 86　不謹～灋以治

0245 丞

69

奏讞書 119　～昭

二年律令 332　完封奏令若～印

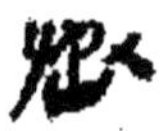

奏讞書 28　胡～憙敢讞之

奏讞書 8　江陵～驁敢讞之

二年律令 144　及令～尉弗覺智

二年律令 144　令～尉罰金各四兩

二年律令 144　令～尉能先覺智

二年律令 331　以令若～

奏讞書 227　咸陽～㝅禮敢言之

二年律令 117　御史～相

奏讞書 1　淯～嘉敢讞之

奏讞書 74　守～吉

0246

兵

10

- 蓋廬 4 凡用~之謀
- 蓋廬 5 其下用~革
- 二年律令 32 非以~刃也
- 二年律令 141 以短~殺傷
- 二年律令 216 甲~禾稼

0247

具

15

- 奏讞書 154 頗不~別奏
- 奏讞書 165 臣有診炙肉~
- 奏讞書 166 張帷幕甚~
- 二年律令 267 郵各~席
- 二年律令 269 及書已~
- 二年律令 396 獄已~毋庸論
- 二年律令 208 頗有其器~未鑄者
- 二年律令 208 智爲及買鑄錢~者
- 二年律令 233 皆給草~
- 遣策 17 回璧四~

共部

0248

共

14

- 奏讞書 80 ~賊殺武
- 二年律令 150 ~捕罪人
- 奏讞書 59 犬與武~爲僞書也

奏讞書 85
丙與贅～捕得蒼

異部

0249

異

9

奏讞書 174
～時魯瀌

二年律令 378
其或～母

筭數書 134
各～直之

奏讞書 143
庫別～不與它令等

二年律令 343
毋～其子

舁部

0250 重

䙴

7

二年律令 6
船嗇夫吏贖～（遷）

二年律令 97
贖耐贖～（遷）

二年律令 262
有～（遷）之

二年律令 122
春以下至～（遷）

二年律令 119
贖～（遷）金八兩

0251

與

148

奏讞書 18
～偕歸臨菑

奏讞書 19
～偕歸臨菑

奏讞書 24
闌～清同類

0252

興

16

- 奏讞書 37　～求盜視追捕武
- 奏讞書 42　聽視而後～吏辯
- 奏讞書 59　犬～武共爲僞書也
- 脈書 24　至則惡人～火
- 脈書 25　心～胠痛
- 脈書 35　水～閉同則死
- 奏讞書 94　～賊同灋
- 奏讞書 95　縱囚～同罪
- 奏讞書 103　不～毛盜牛
- 奏讞書 142　～後所發新黔首
- 筭數書 127　十日～七日
- 二年律令 167　它各～同罪
- 二年律令 329　～同罪
- 二年律令 23　及～謀者
- 二年律令 49　～盜同灋
- 奏讞書 193　誰～欺死夫罪重
- 二年律令 193　强～人奸者
- 奏讞書 191　誰～夫死而自嫁
- 二年律令 63　～同罪
- 引書 112　此～燥濕寒暑相應
- 奏讞書 191　誰～不聽死父教
- 奏讞書 70　舍人士五～
- 二年律令 250　毋以戊己日～土功
- 二年律令 61　吏所～能捕

奏讞書157 吏所~與群盜遇

奏讞書71 ~義言皆如恢

引書17 聾~者

臼部

0253 重 要

21

奏讞書7 當~（腰）斬

引書104 信復折~（腰）

引書67 夸足折~（腰）

二年律令61 ~（腰）斬

二年律令88 當磔若~（腰）斬

二年律令2 皆~（腰）斬

晨部

0254 晨

2

奏讞書210 隸妾每等~昧里

0255 農

4

脈書2 ~（膿）爲⿰𠦝堯

脈書9 有~（膿）血

脈書15 ~（膿）出爲騷

0256 重 𨐤

10

脈書61 ~（膿）少而淺者

脈書62 有~（膿）者

脈書58 癰穜有~（膿）

革部

0257
革
革
3

奏讞書 215
走馬僕詣白～鞞

二年律令 433
其肉～腐敗毋用

蓋廬 5
其下用兵～

0258
鞮
鞮
1

二年律令 455
銅～

0259
鞠
鞠
4

奏讞書 90
～（鞫）之

引書 52
引之爲木～

0260
鞞
鞞
15

奏讞書 215
走馬僕詣白革～

奏讞書 215
公士孔以此～予僕

奏讞書 216
未嘗予僕～

奏讞書 219
何故以空～予僕

奏讞書 216
診視～刀

奏讞書 217
得～予僕

奏讞書 218
買～刀

奏讞書 216
入僕所詣～中

0261
鞫
26

二年律令 115
爲气～

二年律令 146
皆以～獄故縱論之

二年律令 107
告之不審～之不直

二年律令 115
不得自气～

二年律令 115
欲爲气～

二年律令 113
皆以～獄故不直論

爪部

0262

爲

773

奏讞書 1
告～都尉屯

奏讞書 2
不當～屯

奏讞書 2
尉窯遣毋憂～屯

奏讞書 40
以武當復～軍奴

奏讞書 188
甲當完～舂

脈書 16
～間

奏讞書 193
夫～吏居官

奏讞書 195
獨完～舂

奏讞書 207
偏視其～謂

奏讞書 9
不當～婢

奏讞書 9
楚時去亡降～漢

奏讞書 29
～大夫明隸

奏讞書 158
黥～城旦

奏讞書 158
上造以上耐～鬼薪

奏讞書 207
以～衣食者

二年律令 361
士～上造以上

二年律令 18
及和～謹毒者

二年律令 18
詔所令縣官～挾之

二年律令109 縱者黥～城旦舂

二年律令132 告者不～不審

二年律令394 皆黥～城旦舂

二年律令55 黥～城旦舂

二年律令55 完～城旦舂

二年律令55 耐～隸臣妾

丮部

0263

埶

2

蓋廬12 命曰乘～（勢）

0264

孰

7

二年律令20 亟盡～（熟）燔其餘

蓋廬3 得時則歲年～（熟）

蓋廬7 ～智其止

鬥部

0265

鬬

18

奏讞書42 乃格～

奏讞書45 格～傷視

奏讞書158 僨乏不～斬

奏讞書158 以僨乏不～律論

二年律令24 ～傷人

奏讞書37 武格～

又部

0266

右

102

奏讞書 88
故～庶長

奏讞書 223
左～瞻毋人

引書 56
壹左壹～而休

二年律令 310
～更八十二頃

二年律令 314
～更八十二宅

脈書 8
左～不化

0267

父

75

奏讞書 191
不聽生～教

奏讞書 189
有生～而弗食 3 日

奏讞書 190
有死～

蓋廬 6
天爲～地爲母

奏讞書 191
不聽死～教

奏讞書 191
不聽死～教毋罪

奏讞書 194
欺死～罪

奏讞書 194
侵欺生～

二年律令 38
賊殺傷～母

二年律令 38
牧殺～母

二年律令 38
毆詈～母

二年律令 39
～母毆笞子及奴婢

0268

夬

1

引書 109
白汗～（決）絕

0269

及

252

奏讞書 25　以奸～匿黥舂罪論

奏讞書 90　布餘～它當坐者

奏讞書 4　～雖不當爲屯

二年律令 464　司空～衛官

奏讞書 192　～取者

奏讞書 206　～賈市者舍人

引書 109　～卧寒突之地

奏讞書 20　是闌來誘～奸

奏讞書 19　南言如刻～闌

二年律令 6　其殺馬牛～傷人

二年律令 38　免除～贖

二年律令 41　毆兄姊～親父母

二年律令 42　～夫父母同産

二年律令 60　～行賕者

二年律令 1　～守乘城亭鄣

蓋廬 5　～皮大極

二年律令 1　～謀反者

脈書 22　爲十二病～温

0270

反

40

奏讞書 77　備盜賊而不～（返）

二年律令 2　其坐謀～者

二年律令 448　蒲～

二年律令 1　以城邑亭鄣～

引書 18　～昔手北

脈書 20　不可以～瘦

0271 取

51

二年律令1
及謀～者

奏讞書129
利鄉～

奏讞書132
義等將吏卒毄～盜

奏讞書19
～（娶）南爲妻

奏讞書19
而～（娶）以爲妻

奏讞書157
所～荆新地多群盜

奏讞書192
妻自嫁～（娶）

二年律令278
衛～上手什三人

二年律令216
諸使而傳不名～卒

脈書57
～有徐而益不足

筭數書86
～程

引書40
～木善削之

二年律令249
～産麛卵㲉

二年律令261
諸詐紿人以有～

奏讞書216
不智安～

筭數書127
即～十日

0272 段

24

脈書8
泄爲唐～（瘕）

奏讞書139
操其～（假）兵

奏讞書124
蓋廬摯田～（假）

二年律令286
寒者～（假）衣

二年律令267
有僕者～（假）器

二年律令35
～（假）大母

0273

度

6

二年律令229
～其行不能至者

脈書55
故君子肥而失其～

二年律令241
縣各～一歲用芻稾

𠂇部

0274

卑

5

奏讞書226
～（俾）令盜賊不敢

引書14
反昔手北而～

史部

0275

史

120

二年律令117
御～

奏讞書61
獄～令賢求

奏讞書67
卒～建舍治

奏讞書114
～銚謂毛

二年律令232
丞相御～

奏讞書197
獄～順

奏讞書75
從獄～武備盜賊

奏讞書203
令獄～舉闕代

奏讞書163
～猷曰

奏讞書92
謀賊殺獄～武

奏讞書54
主徒令～

二年律令179
獄～與官嗇夫

0276

事

73

二年律令 461
大～

二年律令 508
御～以聞

奏讞書 74
卒～建舍治

二年律令 516
相國御～以聞

奏讞書 26
大僕不害行廷尉～

奏讞書 130
其～甚害難

奏讞書 144
雇視～掾獄

二年律令 46
以縣官～詈少吏

二年律令 48
以縣官～笞城旦舂

二年律令 124
毋筭～其身

二年律令 19
～已輒收臧

奏讞書 186
妻～夫

二年律令 162
～之如奴婢

二年律令 269
非乏～也

支部

0277

支

9

奏讞書 118
不能～疾痛

脈書 52
實四～（肢）

引書 59
右足～尻

聿部

0278 書

95

- 引書1背 引~
- 奏讞書75 新鄭信爰~
- 奏讞書146 上~言獨財
- 奏讞書9 不~名數
- 二年律令12 諸上~及有言也
- 奏讞書29 令自占~名數
- 二年律令482 史卜受調~大史
- 奏讞書1 已受致~
- 奏讞書60 內當以爲僞~論
- 奏讞書59 犬與武共爲僞~也
- 二年律令81 鄭欸~

畫部

0279 畫

1

- 遣策35 ~杯七

隶部

0280 **隸**

隸

31

奏讞書 206
僕～臣

二年律令 16
耐爲～臣妾

奏讞書 29
爲大夫明～

二年律令 249
禁諸民吏徒～

二年律令 293
徒～

二年律令 123
耐～臣妾罪以下

奏讞書 182
奸者耐爲～臣妾

二年律令 33
耐爲～妾

奏讞書 175
當今～臣妾

二年律令 41
耐爲～臣妾

二年律令 55
耐爲～臣妾

臤部

0281 **堅**

堅

4

奏讞書 88
以～守滎陽

二年律令 1
不～守而棄去之

0282 **豎**

豎

1

奏讞書 205
即收訊人～子

臣部

0283

臣

臣

34

奏讞書175
當今～臣妾

奏讞書177
～案其上功牒

奏讞書182
耐爲隸～妾

奏讞書206
人～僕

二年律令16
耐爲隸～妾

二年律令41
耐爲隸～妾

二年律令55
耐爲隸～妾

二年律令124
司寇隸～妾

二年律令193
府以爲宮隸～

二年律令398
過七日耐爲隸～

0284

臧

臧

29

二年律令95
所予～（贓）罪重

奏讞書71
恢盜～（贓）

二年律令19
毒矢謹～（藏）

二年律令19
事已輒收～（藏）

二年律令20
皆坐脯肉～（贓）

二年律令91
盜～（贓）百一十錢

二年律令260
所匿租～（贓）爲盜

奏讞書62
受豚酒～（贓）九十

脈書53
五～（臟）虛

殳部

0285

轂

40

奏讞書 77
坐以～（繫）者

脈書 39
～（繫）於腎

奏讞書 61
盜書～（繫）遂亡

二年律令 97
～（繫）不盈三歲

二年律令 165
～（繫）城旦舂六歲

奏讞書 76
毋～（繫）牒

奏讞書 155
～（繫）反盜

奏讞書 96
皆當棄市～（繫）

奏讞書 76
丙坐以頌～（繫）

奏讞書 23
疑闌罪～（繫）

奏讞書 160
其一人～（繫）

奏讞書 132
～（繫）反盜

奏讞書 136
黔首往～（繫）

奏讞書 130
新黔首往～（繫）

奏讞書 33
疑解罪～（繫）

奏讞書 159
雇～（繫）

0286

毆

19

二年律令 29
鬼薪白粲～庶人

二年律令 41
～兄姊

二年律令 39
父母～筍子及奴婢

二年律令 39 以～皆辜死

0287

殿

4

殿 脈書 12 在足下爲～

奏讞書 119 ～（臀）瘢大如指

0288

殹

24

脈書 54 血者濡～（也）

脈書 54 脈者瀆～（也）

脈書 50 地氣～（也）

脈書 61 此不可不察～（也）

脈書 62 不可久～（也）

脈書 64 論有過之脈～（也）

脈書 54 肉者附～（也）

二年律令 157 其自出～（也）

0289

㝅

12

奏讞書 192 廷尉～等曰

奏讞書 191 ～等曰

奏讞書 190 廷尉～等曰不當論

奏讞書 190 廷尉～等曰當棄市

蓋盧 4 賢～（愨）則起

殺部

0290

殺

61

奏讞書 81
爲信～即縱蒼

奏讞書 85
蒼以其～武告丙

二年律令 66
盜～傷人

奏讞書 85
蒼言爲信～

二年律令 141
以短兵～傷

奏讞書 77
其從迹類或～之

脈書 50
腐臧闌腸而主～

二年律令 20
脯肉毒～傷病人者

奏讞書 92
謀賊～獄史武

奏讞書 155
反盜～義等

奏讞書 94
謀賊人～人

奏讞書 86
至令蒼賊～武

奏讞書 90
蒼賊～人

九部

0291

鳬

6

引書 15
～沃者

引書 81
陽見十～沃十

引書 64
～沃五十

寸部

0292 寸

62

奏讞書 168
長半～者六枚

二年律令 258
不盈二尺二～者

二年律令 363
六尺二～以下

筭數書 153
五分～三

奏讞書 163
飯中有蔡長半～

奏讞書 172
長二～以上

筭數書 153
曰大四韋二～

奏讞書 162
炙中有髮長三～

0293 寺

4

二年律令 4
燔～舍

0294 將

29

脈書 40
恐人～捕之

二年律令 107
及守～奴婢而亡之

二年律令 65
縛守～人

二年律令 140
尉分～

二年律令 140
令兼～

二年律令 141
吏～徒

二年律令 141
殺傷其～及伍人

二年律令 440
衛～軍

奏讞書 212
～陽亡而不盜傷人

皮部

0295 皮

31

蓋廬 5
及～（彼）大極

蓋廬 5
行～（彼）四時

蓋廬 5
環～（彼）五德

攴部

0296 啟

17

筭數書 159
～廣

筭數書 159
爲～廣幾何

筭數書 159
～從亦如此

引書 99
～口以印以利鼻

引書 103
奏理～闔

二年律令 182
及盜～門户

奏讞書 54
佐～主徒令史泳

奏讞書 54
告～

0297 效

6

二年律令 351
～案官

二年律令 353
～律

0298 故

63

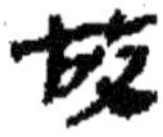

奏讞書 9
～點婢楚時去亡

奏讞書 10
媚～點婢

奏讞書 11
媚～點婢

0299

數

106

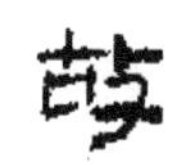

奏讞書 99
~樂人

奏讞書 118
何~言曰與謀盜

奏讞書 171
而髮~能蜚入炙中

奏讞書 217
類刀~鞞也

二年律令 113
皆以鞫獄~不直論

二年律令 146
以其~不得

二年律令 146
皆以鞫獄~縱論之

二年律令 182
若~壞決道出入

二年律令 199
~毀銷行錢以爲銅

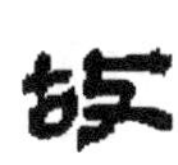

二年律令 268
~道及雞劍中五郵

引書 103
~得病焉

引書 104
~得病

脈書 54
~骨痛如斲

脈書 55
~君子肥而失其度

奏讞書 11
媚未有名~

奏讞書 11
即占~

奏讞書 34
詐書名~

引書 4
夏日~沐希浴

筭數書 87
如乾成一~也

筭數書 83
步~而十之

奏讞書 110
稠不可~

引書 6
秋日~浴沐

二年律令 403
罰有日及錢~者

數　二年律令179　上其物～縣廷

數　奏讞書28　自以爲未有名～

奏讞書29　符有名～明所

0300
改
改
7

奏讞書100　毛～曰

奏讞書105　詰～辤如毛

奏讞書217　～曰

奏讞書220　～曰

0301
變
變
10

二年律令31　人雖毆～之

二年律令233　縣道有尤急言～事

蓋廬4　～（蠻）夷賓服

0302
更
更
59

奏讞書59　弗身～疑罪

奏讞書60　詐～其徼書

奏讞書103　踐～咸陽

奏讞書111　即踐～

筭數書122　乃～直五升而十之

蓋廬9　四時五行以～相攻

引書41　兩手空纍而～蹶之

奏讞書116　講踐～咸陽

二年律令110　獄未鞫而～言請

0303 救

8

蓋廬 49
此十者～民道也

二年律令 306
～水火追盜賊

奏讞書 222
悉令黔首之田～螽

蓋廬 54
此十者～亂之道也

奏讞書 155
吏新黔首皆弗～援

奏讞書 154
吏卒不～援

0304 攸

3

奏讞書 143
雇爲～令失聞

奏讞書 124
復～雇等獄簿

0305 敦

7

奏讞書 228
毋害謙絜～慤

引書 102
～踵以利匈中

引書 82
～踵三百

0306 敗

8

二年律令 433
其肉革腐～毋用

二年律令 6
其～亡粟米它物

奏讞書 144
而令爲～

奏讞書 134
弗謂害難恐爲～

奏讞書 133
爲驚～

奏讞書 130
其事甚害難恐爲～

0307 寇

11

二年律令 293
司～

二年律令 124
司～

二年律令 312
司～

0308 收

32

奏讞書 212
乃～訊其士五武

二年律令 19
事已輒～臧

二年律令 38
其妻子爲～者

0309

攻

51

引書 109
不智～衣

二年律令 240
～入芻稾

二年律令 286
有疾病□者～食

二年律令 175
皆勿～

二年律令 1
諸侯人來～盜

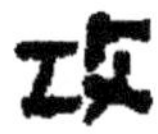

蓋廬 52
～之

蓋廬 50
自立爲王者～之

蓋廬 26
秋可以～其左

0310

牧

6

二年律令 35
子～殺父母

二年律令 38
～殺父母

二年律令 254
禁毋～彘

二年律令 433
～之而疾死

教部

0311

教

7

奏讞書 181
～人不孝

奏讞書 191
不聽死父～

二年律令 36
～人不孝

奏讞書 191
不聽死父～毋罪

奏讞書 191
有子不聽生父～

二年律令 57
若～人可盜所

0312 重

學

19

二年律令 279
新～盈一歲

二年律令 365
有～師者學之

二年律令 365
有學師者～之

奏讞書 178
有盜君子～

奏讞書 178
禮者君子～也

卜部

0313

卜

17

二年律令 482
大～而逋

二年律令 474
史～祝學童學三歲

二年律令 474
大～

二年律令 474
史～子年十七歲學

二年律令 480
不入史～祝

0314

占

15

二年律令 390
毋下五人任～

奏讞書 12
～數媢

奏讞書 14
點得～數復婢

奏讞書 28
以令自～書名數

奏讞書 11
媢未有名數即～數

二年律令 326
恒以户時～

用部

0315
用

41

二年律令 18
不～此律

二年律令 256
它物～稟數

二年律令 47
亦得毋～此律

蓋廬 4
凡～兵之謀

引書 4
～水澡漱

0316
庸

6

奏讞書 201
取葆～

二年律令 172
取亡罪人爲～

二年律令 454
上～

第四 目部——角部

目部

0317 目

17

引書 90 引～痛

引書 90 左～痛

引書 90 兩～内脈

脈書 40 則～䀮如無見

脈書 18 ～以脱

脈書 15 四節疕如牛～

脈書 2 在～

脈書 2 在～際

脈書 6 塞人鼻耳～

0318 重 睆

3

二年律令 357 皆爲～老

0319 睘

2

睘 筭數書 153 以方材～（圜）

0320 瞻

2

奏讞書 223 左右～毋人

0321

相

相

103

蓋廬 52
喜～誰者攻之

引書 112
寒暑～應之道

二年律令 71
～與謀劫人

奏讞書 49
～如故民

二年律令 66
橋～以爲吏

蓋廬 9
四時五行以更～攻

二年律令 378
同産～爲後

奏讞書 156
別離～去遠

二年律令 62
～與功盜

奏讞書 118
笞紖瘢～質五

奏讞書 49
昌與～如約

奏讞書 110
小紖瘢～質五

0322

睆

1

脈書 40
則目～如無見

盾部

0323

盾

盾

2

引書 56
以下～（揗）之至股

自部

0324

自

91

二年律令 152
及寵之而～殺也

筭數書 129
欲令一人～伐竹

蓋廬 50
～置爲君自立爲王

二年律令 63
其能～捕若斬之

二年律令 100
其～出者

奏讞書 28
以令～占書名數

奏讞書 13
～當不當復爲婢

奏讞書 28
詐～以爲未有名數

奏讞書 199
乃～智傷

奏讞書 43
～以非軍亡奴

奏讞書 145
以～解于庠

二年律令 122
先～告也

白部

0325

皆

181

奏讞書 89
～故楚爵

奏讞書 92
爵～大庶長

奏讞書 120
～審

奏讞書 140
～并居一笥中

奏讞書 185
～曰

奏讞書 192
～黥爲城旦舂

二年律令 57
～與盜同瀘

二年律令 69
～除坐者罪

二年律令 162
～復使及筭

筭數書 74 ～破其上

蓋盧 4 暴亂～伏

蓋盧 28 ～可以攻

引書 96 ～三而已

二年律令 331 ～以篋若匣匱盛

0326
魯

12

奏讞書 174 異時～瀌

奏讞書 176 柳下季爲～君治之

二年律令 520 丞相上～御史書言

二年律令 520 ～侯居長安

二年律令 522 ～御史爲傳

0327
者

587

奏讞書 117 覆～訊毛

奏讞書 117 覆～初訊毛

奏讞書 142 新黔首戰北當捕～

蓋盧 54 此十～救亂之道也

筭數書 83 八升～爲法

引書 108 是以道～喜則急昫

奏讞書 168 臥席淬～麗衣

奏讞書 203 不見出入～

奏讞書 206 及賈市～舍人

二年律令 1 及謀反～

二年律令 316 欲爲户～許之

二年律令 329 吏主及案户～

0329

百

百

219

0328

𥏼

𥏼

73

奏讞書 154　不救援義等去北～

二年律令 421　馬牛當食縣官～

二年律令 486　祝年盈六十～

奏讞書 143　黔首當坐～多

二年律令 371　與同居數～

奏讞書 160　訊～七人

奏讞書 215　不～（知）安取

奏讞書 218　不～（知）存所

奏讞書 137　以別～（知）當捕

奏讞書 119　不～（知）毛誣講

奏讞書 142　未有以別～（知）

二年律令 144　能先覺～（知）

二年律令 74　弗～（知）罰金四兩

二年律令 74　吏部主～（知）而出

脈書 55　人莫之～（知）治

蓋廬 7　孰～（知）其止

奏讞書 3　不～（知）亡故

二年律令 510　吏卒乘塞者～（知）

引書 109　有弗～（知）呴虖

二年律令 314　徹侯受～五宅

引書 52　三～而休

引書 68　力引之三～而已

蓋盧 3
~生飽食

二年律令 485
五~石以下

筭數書 159
以二~卌步爲實

奏讞書 174
過百到二~爲白徒

二年律令 120
其有贖罪以下笞~

二年律令 159
皆笞~

奏讞書 70
米二~六十三石

奏讞書 72
盜過六~六十錢

奏讞書 174
過~到二百爲白徒

鼻部

0330

鼻

8

二年律令 27
~耳

脈書 6
塞人~耳目

脈書 2
在~爲肍

脈書 25
顫痛~肍

引書 100
以利~

0331

鼽

2

引書 84
引~

羽部

0332 羽

7

- 筭數書 131　～矢廿
- 筭數書 57　～矢
- 筭數書 131　一人爲矢且～之

0333 𦐂

2

- 奏讞書 82　令民～
- 奏讞書 82　武發道～

隹部

0334 雅

5

- 奏讞書 220　～佩鞞刀
- 二年律令 113　敢放訊杜～
- 奏讞書 218　孔～佩刀
- 奏讞書 115　毛所盜牛～擾易捕

0335 雒

4

- 二年律令 451　上～
- 二年律令 218　長安櫟陽～陽
- 奏讞書 88　居～陽楊里

0336 雞

2

- 二年律令 268　故道及～劍中五郵

0337 離

6

- 二年律令 104　行～官有它事
- 奏讞書 156　多別～相去遠
- 奏讞書 143　有別～居山谷中

0338

雕

2

脈書 51
面墨目圜視～〈雅〉

0339

雔

8

雍
奏讞書 105
牽買～而得

奏讞書 121
～城旦講气鞫

奏讞書 100
亭慶以書言～廷

0340

雇

10

引書 64
虎～（顧）卌

引書 64
虎～（顧）五十而已

引書 100
虎～（顧）以利項尼

引書 93
～（顧）右足踵

引書 13
後～（顧）

奞部

0341

奪

15

二年律令 260
～之列

二年律令 143
～其將爵一絡

奏讞書 223
～錢去走

奏讞書 224
賊刺人盜～錢

羊部

0342

羊

羊

6

二年律令 253
馬牛～

二年律令 253
四豩彘若十～

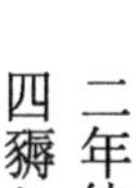

二年律令 254
縣官馬牛～

蓋廬 6
羊～〓（洋洋）下

0343

羪

羪

1

奏讞書 61
士吏賢主大夫～〓

0344

羣

羣

16

奏讞書 157
所取荆新地多～盜

二年律令 153
能捕～盜

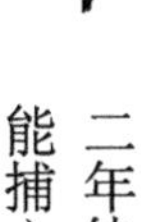

二年律令 63
智人爲～盜

二年律令 64
～盜瀀

二年律令 140
～盜殺傷人

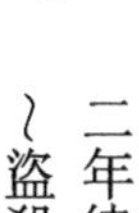

二年律令 146
～盜〓賊發

奏讞書 157
吏所興與～盜遇

奏讞書 146
軗反～盜

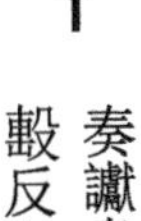

二年律令 152–153
殺傷～盜

0345

美

美

2

奏讞書 165
桑炭甚～

鳥部

0346 鳳

1

蓋廬 4
～鳥之下

0347 重 難

6

難 二年律令 335
留～先令

奏讞書 227
獄史能得微～獄

奏讞書 134
弗謂害～

奏讞書 156
其事～

0348 鳴

4

奏讞書 200
聳～匈匈然

脈書 8
～如鼃音

脈書 11
其癰上下～

烏部

0349 烏

2

二年律令 363
及天～者

0350 重 於

31

奏讞書 122
畀其～於

奏讞書 194
罪輕～侵欺生父

二年律令 215
獄無輕重關～正

脈書 39
轂～内踝

脈書 58
病甚而上～環二寸

二年律令 60
罪重～盜者

二年律令 242
芻稾節貴～律

0351
焉

9

二年律令 234
其有事～

引書 103
故得病～

引書 109
故得病～

華部

0352 重
棄

38

奏讞書 93
賊殺人～市

奏讞書 96
皆當～市

奏讞書 186
不孝～市

二年律令 201
盜鑄錢及佐者～市

奏讞書 190
廷尉穀等曰當～市

二年律令 1
不堅守而～去之

二年律令 4
～市

二年律令 10
偽寫徹侯印～市

二年律令 35
皆～市

二年律令 88
若要斬者～市

二年律令 133
勿聽而～告者市

引書 2
蚤起之後～水

引書 4
～水之後

奏讞書 189
律曰不孝～市

冓部

0353

再

8

奏讞書 178
以上功～詘其上

引書 105
春日～昫

二年律令 234
皆毋過～食

丝部

0354

幾

50

筭數書 133
問～何人

筭數書 113
當爲米～何

筭數書 127
問日到炭～何

筭數書 159
啟廣～何

筭數書 133
錢～何

筭數書 84
問～何步一斗

玄部

0355

玄

4

二年律令 85
～孫

二年律令 82
內公耳～孫有罪

0356

兹

𢆶𢆶

2

蓋盧 47
不～（慈）穉弟

予部

0357

予

𠂢

33

二年律令 95
所～臧罪重

奏讞書 219
即以鞞～僕

二年律令 289
卿以上～棺錢級千

二年律令 216
勿敢擅～

奏讞書 219
何故以空鞞～僕

奏讞書 220
謾曰弗～

奏讞書 216
未嘗～僕鞞

蓋盧 35
何取何～

奏讞書 217
即曰弗～

奏讞書 215
公士孔以此鞞～僕

二年律令 72
諸～劫人者錢財

二年律令 431
～而令自購之

𠬪部

0358

爰

2

奏讞書 75
新鄭信～書

0359
受

38

二年律令 14
若～賞賜財物

二年律令 143
已～令而逋

引書 21
～據者

二年律令 355
皆～仗

奏讞書 1
已～致書

奏讞書 61
～豚

奏讞書 215
～孔衣器錢財

奏讞書 10
自當不當復～婢

二年律令 393
諸當賜～爵

二年律令 60
～賕以枉灋

引書 2
～天之精

0360
爭

3

蓋廬 32
將～以乖者攻之

0361 重
敢

45

敢
奏讞書 17
胡狀丞憙～瀳之

奏讞書 23
它縣論～瀳之

奏讞書 28
胡丞憙～瀳之

奏讞書 68
種縣論～言之

奏讞書 92
～言之

二年律令 410
～擅壞更官府寺舍

奏讞書 147
不～擇縱罪人

奏讞書 227
咸陽丞穀禮～言之

二年律令 31
褱子而～與人爭鬬

二年律令 143　畏耎弗～就

二年律令 197　～擇不取行

二年律令 216　非所聽勿～聽

二年律令 216　勿～擅予

歺部

0362

肂

2

二年律令 288　一室二～在堂

死部

0363

死

95

脈書 35　此三者同則～

脈書 35　唐泄～

脈書 35　水與閉同則～

蓋廬 26　水～陰也

引書 110　是以多病而易～

奏讞書 162　罪～

奏讞書 143　弟～

奏讞書 151　弟～

奏讞書 158　～罪囚

奏讞書 180
而父母若妻～者

奏讞書 185
～置後之次

二年律令 396
縣道官所治～罪

二年律令 39
令贖～

二年律令 162
主～若有罪

二年律令 167
～罪

冎部

0364

別

15

奏讞書 141
未有以～智當捕者

奏讞書 142
未有以～智

奏讞書 154
頗不具～奏

奏讞書 156
以～黔首當捕者

奏讞書 145
實須駐來～籍

奏讞書 143
雇～異不與它令等

奏讞書 143
有～离居山谷中

骨部

0365

骨

12

脈書 29
上～下廉

脈書 29
出臂外廉兩～之間

脈書 54
故～痛如斲

脈書 55 是胃筋～不勝其任

0366
骭
4

脈書 64 ～之少陰

脈書 25 此爲～靨

0367
體
3

二年律令 27 胅～

脈書 53 五臧虛則玉～利矣

肉部

0368
肉
22

脈書 53 夫乘車食～者

脈書 54 ～者附殴

脈書 55 ～痛如浮

二年律令 297 令史～十斤

二年律令 433 其～革腐敗毋用

脈書 51 則～先死

奏讞書 164 切肥牛～

奏讞書 165 臣有診炙～具

二年律令 20 皆坐脯～臧

二年律令 292 ～五斤

二年律令 293 ～三斤

二年律令 297 ～十二斤

遺策 29

~一笥

0369 膜

2

引書 18

引~（脢）者

引書 101

熊經以利~（脢）背

0370 重 膚

1

脈書 8

其腹胗胗如~張狀

0371 脣

2

脈書 51

~（唇）反人盈

0372 腎

1

脈書 39

轂於~

0373 脾

2

脈書 9

纂~（髀）尻少腹痛

0374 胃

17

蓋廬 9

何~（謂）天之時

脈書 55

是~（謂）筋骨不勝

引書 27

鼻~者

蓋廬 18

是~（謂）順天之時

0375 腸

14

脈書 8
在～中

脈書 9
在～

脈書 9
爲～辟

脈書 11
爲～積

0376 膏

2

脈書 20
甚則無～

0377 背

1

引書 101
熊經以利腜～

0378 脅

6

脈書 47
～痛爲一病

脈書 20
心與～痛

引書 48
賈縛兩附於兩～

0379 重 肩

21

奏讞書 110
道～下到要

奏讞書 118
道～下到要

引書 14
梜～

引書 78
其在兩～之間

引書 100
引倍以利～絵

脈書 27
～脈

脈書 27
～以脫

0380

胠

6

引書 101 反旋以利兩～

脈書 25 心與～痛

蓋盧 38 吾以～禹之

0381

臂

25

脈書 47 是～少陰之脈主治

脈書 46 此爲～蹷

脈書 64 ～之鉅陰

二年律令 142 大痍～臑股胻

0382

臑

5

脈書 46 出～內陰

脈書 27 ～以折

0383

肘

6

脈書 29 出～中入耳中

脈書 27 出～內廉

脈書 28 ～外痛

0384

腹

22

引書 74 苦～張

脈書 7 使～張

二年律令 376 須遺～産

脈書 25 ～外種

引書 101 反搖以利～心

引書 35 屬意少～

脈書 9 少～痛

二年律令 376 其寡有遺～者

0385
股
37

奏讞書 114　即磔治毛北殿～

奏讞書 119　其兩～瘢大如指

二年律令 142　大痍臂臑～胻

引書 43　引右～陽筋

引書 61　左手撫左～

引書 101　禹步以利～閒

0386
胻
10

引書 9　信～直踵

引書 10　左右詘～

脈書 12　在～

引書 8　舉～交股

二年律令 142　大痍臂臑股～

引書 40　兩～善塞

0387
肖
1

脈書 13　身面足胻盡～（消）

0388
臞
2

蓋廬 33　衆有～（懼）心者

0389
脱
2

脈書 18　目以～項以伐

0390
胗
2

脈書 08　其腹～父=如膚張狀

0397	0396	0395	0394	0393	0392	0391
胥	朐	脩	脯	膫	胡	胅
9	2	7	5	1	4	1
蓋廬29 申~曰	脈書54 氣者~（呴）毆	二年律令484 卜上計~瀍	遣策33 ~一束	脈書12 在肵疕赤淫爲~	奏讞書26 ~嗇夫	二年律令27 ~體
			二年律令20 諸食~肉			
蓋廬1 問申~曰		奏讞書153 令~（攸）誘召	二年律令20 其縣官~肉也		奏讞書28 ~丞憙敢灊之	
蓋廬15 申~曰		奏讞書135 ~（攸）有益發	二年律令20 皆坐~肉臧			

0398	0399	0400	0401	0402	0403	0404 新	0405
肒	脂	䐞	膊	腐	肥	脋	胕

2	7	1	1	4	2	2	7
 脈書 2 在鼻爲～（鼽）	 筭數書 79 問用～米各幾何	 奏讞書 164 筋～盡斬	 奏讞書 164 炙～大不過寸	 脈書 50 ～臧闌腸而主殺	 奏讞書 164 切～牛肉	 脈書 25 ～痛	 引書 48 賈縛兩～於兩脅
	 筭數書 79 挈～			 脈書 52 夫留水不～	 脈書 55 故君子～而失其度		 脈書 92 其在右恒陽之～脈
	 筭數書 80 爲挈～卅六斤			 二年律令 433 其肉革～敗毋用			 脈書 93 筋～脈

0406 朊

1

引書 13
引～（唇）

0407 胭

1

引書 100
以利朕～（咽）

0408 脿

5

引書 83
引～（喉）痹無乳

引書 100
以利～（喉）胭

0409 腦

1

引書 99
蛇甄以利距～

0410 膭

1

引書 51
兩手之指夾～（脊）

筋部

0411 筋

20

引書 99
閉息以利交～

脈書 55
是胃～骨不勝其任

脈書 54
～痛如束

奏讞書 164
～膈盡斬

引書 11
曰引陽～

刀部

0412

刀

15

奏讞書 216 婢北～

奏讞書 217 類～故鞞也

奏讞書 218 孔雅佩～

奏讞書 219 人盜紺～

奏讞書 199 謂婢北有笄～

奏讞書 214 未嘗佩鞞～

奏讞書 218 買鞞～不智何人所

奏讞書 220 雅佩鞞～

奏讞書 223 以～刺奪錢去走

0413

削

1

引書 40 取木善～之

0414

利

41

引書 100 虎雇以～項尼

引書 99 以～蹱首

奏讞書 129 ～鄉反

引書 6 此～道也

引書 99 閉息以～交筋

引書 6 入宮以身所～安

奏讞書 223 孔自以爲～

引書 99 陽見以～目

0415 初 6

- 奏讞書 117　覆者～訊
- 奏讞書 177　吏～捕丁來
- 筭數書 132　問何日～行

0416 則 83

- 脈書 20　是勳～病
- 蓋廬 6　月爲天～
- 引書 14　～（側）比者
- 脈書 40　～目䀮如無見
- 引書 108　喜～急昫
- 脈書 46　是勳～病
- 蓋廬 3　利之～富
- 脈書 24　病甚～欲乘高而歌
- 引書 92　在右～（側）

0417 切 2

- 奏讞書 164　以利刀～肥牛肉

0418 刻 7

- 奏讞書 17　～（劾）曰
- 奏讞書 64　它如～（劾）
- 奏讞書 77　淮陽守偃～（劾）曰

0419 副 5

- 奏讞書 136　名籍～并居一笥中
- 二年律令 14　爲書故詐弗～
- 二年律令 328　～臧其廷

0420 辨 9

- 二年律令 268　下～
- 二年律令 216　官各有～
- 二年律令 334　皆參～券書之

0421 列

3

二年律令 260　奪之～

蓋盧 6　～星爲紀

0422 制

18

二年律令 11　撟～

二年律令 265　令郵人行～書

二年律令 522　～曰可

0423 罰

75

奏讞書 62　賢當～金 4 兩

二年律令 74　～金四兩

奏讞書 176　～金一兩

二年律令 7　～船嗇夫吏金

二年律令 15　皆～金四兩

二年律令 31　～爲人變者金四兩

二年律令 42　～金四兩

二年律令 52　～金各二兩

二年律令 86　謁～金一兩

0424 重 劓

5

二年律令 88　故～者斬左止

二年律令 88　故黥者～之

奏讞書 32　問解故黥～

0425 券

34

奏讞書 202　荆～一枚

奏讞書 202　其齒類賈人～

奏讞書 202　婢曰毋此～

奏讞書 205　類繒中～

奏讞書 205　毋此～

奏讞書 221　盜置～其旁

奏讞書225
置~其旁

二年律令14
諸詐增減~書

二年律令52
亡書符~

二年律令334
皆參辨~書之

筭數書96
租吴~

筭數書96
今誤~二石五斗

0426
刺
7

奏讞書223
以刀~奪錢去走

奏讞書224
賊~人盜奪錢

奏讞書224
賊~人

0427
⿰侖刂
1

二年律令268
故道及雞~中五郵

刃部

0428
刃
1

二年律令32
非以兵~也

0429 重
劒
13

奏讞書41
以~擊傷視

奏讞書44
誠以~刺傷捕武

奏讞書43
誠以~擊傷視

角部

0430

觸

2

蓋廬 40
從而～之

0431

解

39

二年律令 458
～陵

奏獻類 12
何～

奏獻類 32
～取爲妻

第五　竹部——桀部

竹部

0432

竹

9

筭數書 129
一～爲三盧唐

筭數書 71
八寸～

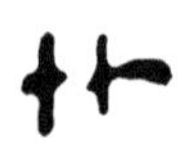

筭數書 129
欲令一人自伐～

0433

節

18

脈書 15
四～疕如牛目

脈書 15
四～痛

二年律令 332
～（即）有當治爲者

二年律令 242
芻稾～貴於律

奏讞書 178
盜君子～

奏讞書 211
出入不～

奏讞書 178
君子之～也

0434

籍

28

奏讞書 136
駐并主～

奏讞書 136
名～副并居一笥中

奏讞書 140
駐主新黔首～

奏讞書 142
新黔首～并

奏讞書 145
實須駐來別～

二年律令 157
給逋事皆～亡日

奏讞書 152 視氏所言～

奏讞書 151 名～

0435 籥

2

二年律令 305 里門～（鑰）

0436 簡

9

筭數書 71 八分～一

筭數書 70 三尺～

0437 等

47

奏讞書 184 廷史武～卌人議

奏讞書 154 不救援義～去北者

奏讞書 143 不與它令～

奏讞書 190 廷尉穀～曰當棄市

奏讞書 155 反盜殺義～

奏讞書 211 公卒瘛～

奏讞書 205 訊毄～曰毋此券

奏讞書 191 穀～曰

奏讞書 192 廷尉穀～曰

奏讞書 203 順～求弗得

奏讞書 213 不與它人～

奏讞書 133 義～罪也

0438 笵

1

蓋盧 12 命曰～光

0439
符
符
15

奏讞書 28
詣女子～

奏讞書 28
～曰

奏讞書 29
明嫁～隱官解妻

奏讞書 29
～有名數明所

奏讞書 33
～雖已詐書名數

0440
笄
笄
1

奏讞書 199
謂婢北有～刀

0441
笥
笥
7

奏讞書 136
名籍副并居一～中

奏讞書 141
并居一～中

奏讞書 152
居一～中者

遣策 34
書一～

0442
箸
箸
3

奏讞書 58
～（著）其馬職物

引書 72
固～（着）少復

0443
筩
筩
3

遣策 15
一～

遣策 16
鹽一～

0444
箇
箇
2

筭數書 129
一日伐竹六十～

0445 重 互

互　5

筭數書 29　子～乘母各自爲實

筭數書 133　贏不足～乘母

0446 簦

簦　2

奏讞書 200　操～

0447 笞

笞　20

奏讞書 118　～紖瘢相質五

奏讞書 119　以毛𧭄～

奏讞書 220　恐獨欲～

二年律令 39　父母毆～子及奴婢

二年律令 39　以毆～辜死

二年律令 48　以縣官事～城旦舂

二年律令 120　其有贖罪以下～百

二年律令 254　～百

0448 管

管　2

遣策 39　筆一有～

0449 筭

筭　11

二年律令 124　毋～事其身

二年律令 162　皆復使及～

筭數書 73　以今得～爲法

0450 ⿱竹待

1

二年律令 52　亡書～〈符〉券

0451

落

9

遣策 25
李一～

遣策 26
卵一～

遣策 20
一～

遣策 23
蘁一～

遣策 24
藿一～

0452

簿

3

奏讞書 56
佐悄等詐～爲徒養

奏讞書 54
啟詐～曰治官府

箕部

0453 重

其

454

奏讞書 60
詐更～徼書辟留

奏讞書 221
盜置券～旁

奏讞書 207
偏視～爲謂

奏讞書 145
恐～怒

奏讞書 202
～齒類賈人券

奏讞書 136
～二輩戰北當捕

奏讞書 99
覆視～故獄

奏讞書 168
浮莞席麗～絮

奏讞書 177
臣案～上功牒

奏讞書 181
鐵額～足

奏讞書 190
不祠～家三日

奏讞書 105
～鞫曰

奏讞書116 ～妻租言如講

奏讞書119 ～殿癮大如指四所

引書98 ～齵也益涿之

脈書2 ～疕痛

脈書29 ～所産病

脈書52 以～動

二年律令59 皆以畀～主

蓋廬4 頃～社稷

二年律令433 ～肉革腐敗毋用

丌部

0454

丌

1

亓 引書49 以衣爲舉～（其）尻

0455

典

8

二年律令201 正～

二年律令201 田～

二年律令329 數在所正～弗告

0456

畀

16

二年律令160 ～當論畀主

二年律令324 有～之所名田宅

二年律令59 皆以～其主

奏讞書16 ～掾或曰當爲庶人

奏讞書122 ～其於於

引書48 善～（痹）

左部

0457

左

112

奏讞書 34
斬～止爲城旦

二年律令 135
斬奴～止

二年律令 315
～更七十八宅

二年律令 315
～庶長七十四宅

二年律令 88
故劓者斬～止

奏讞書 223
～右瞻毋人

奏讞書 205
譢求其～弗得

引書 27
～右危揮

工部

0458

工

2

二年律令 278
復其户而各其～

0459

式

2

脈書 48
狂瀀～

0460

巧

3

奏讞書 153
以智～令脩誘召

奏讞書 226
其所以得者甚微～

二年律令 279
盈二歲而～不成者

0461
巨

1

引書105
偃治～引

巫部

0462
巫

2

二年律令448
圜陽～沂陽

甘部

0463
甚

22

奏讞書165
桑炭～美

奏讞書165
鐵盧～磬

奏讞書166
涂灃～謹

脈書20
～則無膏

脈書24
病～則欲乘高而歌

蓋盧33
甚雨～風

曰部

0464
曰

335

奏讞書7
或～不當論

奏讞書10
點～

奏讞書13
媚～

奏讞書 20
闌～

奏讞書 141
氏～

奏讞書 172
君～善戋

奏讞書 176
君～

奏讞書 185
皆～

奏讞書 203
～病臥内中

奏讞書 219
謾～弗予

二年律令 520
制～可

二年律令 521
制～可

二年律令 524
制～可

蓋廬 6
其瀀～

引書 67
一～夸足

乃部

0465

乃

28

奏讞書 13
點～以爲漢

奏讞書 42
～格鬬

奏讞書 198
有頃～起

奏讞書 199
～自智傷

奏讞書 212
～收訊其士五武

二年律令 36
～聽之

二年律令 114
當刑者刑～聽之

二年律令 279
～爲復

二年律令 313
～行其餘

二年律令 378
毋同居～以不同居

二年律令 475
～得爲史

二年律令 481
～除佐

0466
迺

4

奏讞書 9
～三月丁巳亡

奏讞書 100
～已嘉平可五日

丂部

0467
寧

2

奏讞書 185
妻死歸～

可部

0468
可

102

奏讞書 110
稠不～數

奏讞書 110
十一月不盡～三日

奏讞書 119
稠不～數

奏讞書 152
求不～智

奏讞書 169
不～得已

奏讞書 221
視～盜

二年律令 17
其事～行者

二年律令 239
田不～田者

二年律令 244
田不～豤而欲歸

二年律令512 制曰～

蓋廬4 王名～成

0469
奇

1

奇 奏讞書213 瞻視應對哀～

亐部

0470
亐

17

于 奏讞書80 賊殺武～校長丙部

奏讞書105 詰訊毛～詰

奏讞書145 以自解～庢

二年律令74 盜出財物～邊關徼

二年律令176 除～收及論

0471
平

32

奏讞書63 ～曰

奏讞書89 蒼壯～君

奏讞書105 到十二月已嘉～

奏讞書228 守吏也～端

二年律令433 皆令以～賈償

二年律令452 ～周

二年律令456 ～陰

旨部

0472

嘗

6

奏讞書 220
有曰未～

奏讞書 216
未～予僕鞞

奏讞書 214
未～佩鞞刀

奏讞書 225
令吏勿智未～有

喜部

0473

喜

11

蓋盧 29
何如而～

引書 107
以其～怒之不和也

蓋盧 7
孰智而～

引書 107
～則陽氣多

引書 108
道者～則急昫

0474

憙

2

奏讞書 17
胡狀丞～敢瀻之

奏讞書 28
胡丞～敢瀻之

壴部

0475 彭

2

引書1
此～祖之道也

0476 嘉

5

奏讞書1
丞～敢瀻之

奏讞書105
到十二月已～平

虍部

0477 虞

2

奏讞書18
襄大夫～傳

0478 虖

13

奏讞書177
不已重～（乎）

引書33
急～（呼）急昫

引書97
而譁～=

引書104
～（呼）吸

虎部

0479 **虎** 8

- 引書 26　～匽者
- 引書 64　～雇丗
- 引書 64　～雇五十而已
- 引書 100　～雇以利項尼

皿部

0480 **盂** 1

- 遣策 22　～一

0481 **盛** 6

- 二年律令 298　粲穤各一～
- 二年律令 299　食二～
- 二年律令 331　皆以篋若匣匵～

0482 **盧** 17

- 奏讞書 165　鐵～（爐）甚磬
- 筭數書 129　一日爲～唐十五
- 筭數書 129　一竹爲三～唐
- 筭數書 129　因爲～唐

0483 **益** 26

- 奏讞書 135　反盜多～發與戰
- 奏讞書 135—136　有～發新黔首往毄
- 二年律令 320　欲～買宅

0484 盈

盈（小篆） 69

引書 2 所以～醯也

引書 3 ～之傷氣

引書 5 ～之傷氣

脈書 57 取有徐而～不足

筭數書 96 欲～奐其步

二年律令 15 罪名不～四兩

二年律令 86 有罪年不～十歲

二年律令 347 居官～三歲

二年律令 55 不～二百廿

二年律令 94 不～歲者罰金四兩

脈書 53 脈～而洫之

脈書 13 身面足胻盡～

脈書 13 腹～

脈書 51 脣反人～

0485 盡

盡（小篆） 24

奏讞書 110 十一月不～可三日

奏讞書 144 恐弗能～偕捕

奏讞書 164 筋䏶～斬

脈書 13 身面足胻～盈

脈書 13 身面足胻～肖

二年律令 91 刑～者

二年律令 20 亟～孰燔其餘

二年律令 91 城旦刑～

筭數書 164 積分以～所救分

二年律令 72
若不～告其與

二年律令 122
刑～者

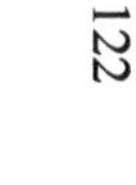
二年律令 122
刑～而賊傷人

去部

0486
去

57

奏讞書 9
楚時～亡降爲漢

蓋廬 29
攻軍回衆何～何就

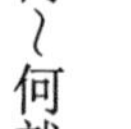
奏讞書 12
雖楚時～亡

奏讞書 12
～亡何解

奏讞書 116
即復牽～

奏讞書 130
～北當捕治者多

奏讞書 158
～北

奏讞書 223
以刀刺奪錢～走

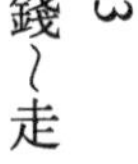
脈書 57
從煖而～清

二年律令 265
有物故～

引書 109
而除～之

引書 84
～立夸足

奏讞書 10
即～亡

二年律令 167
其所匿未～而告之

血部

0487

血

血

14

脈書9 有農～

脈書9 左右～先出

脈書41 欬則有～

脈書51 則～先死

丶部

0488

主

主

82

脈書27 是肩脈～治

脈書50 腐臧闌腸而～殺

脈書25 是陽明脈～治

二年律令135 畀其～

二年律令145 論吏部～者

奏讞書61 士吏賢～大夫挑=

奏讞書54 ～徒令史

奏讞書142 跍～遝未來

奏讞書82 武～趣都中

二年律令30 黥頯畀～

二年律令40 ～母

二年律令59 皆以畀其～

奏讞書 136
凡三輩肪～主籍

奏讞書 140
肪～新黔首籍

青部

0489
青

4

二年律令 197
金不～赤者爲行金

奏讞書 217
獨～有錢

井部

0490
井

2

二年律令 267
郵各具席設～磨

0491 重
穽

1

穽 二年律令 251
皆毋敢穿～

0492
刑

28

二年律令 114
～乃聽之

二年律令 114
當～者

二年律令 163
～者以爲隱官

奏讞書 73
當～者刑

蓋廬 9
日月爲～德

二年律令 137
～城旦舂罪

皀部

0493

即

64

奏讞書40

～告池所

奏讞書11

～占數賣豫所

奏讞書116

～復牽去

奏讞書102

～復牽去

奏讞書140

～來捕

脈書9

食～出爲泄

筭數書127

～取十日

筭數書164

～曰下有若干步

奏讞書10

～去亡

奏讞書207

～薄出入所

二年律令57

人～以其言

二年律令332

～雜治爲

鬯部

0494

爵

62

二年律令289

毋～者棺錢三百

奏讞書72

毋得以～減免贖

奏讞書88

賜～爲廣武君

奏讞書90

皆故楚～

奏讞書66

勿令以～賞免

奏讞書147

奪～令戍

二年律令150
摔~一級

二年律令150
不當摔~者

二年律令174
若爲户有~

二年律令395
~律

食部

0495

食

63

奏讞書166
臣有診夫人~室

奏讞書162—163
養婢媚進~夫人

奏讞書162
爲君夫人治~不謹

奏讞書207
以爲衣~者

二年律令233
皆得爲傳~

二年律令233
參~從者糲米

二年律令303
賜酒者勿予~

二年律令299
~二盛

二年律令245
狠~之

引書103
~歆不和

奏讞書166
~室中毋蔡

脈書9
~即出爲泄

二年律令63
通歆~餽遺之

脈書53
夫乘車~肉者

脈書35
不能~者卧

0496 養

養

6

引書 6 歓～飢飽

引書 42 莫～爲千

二年律令 20 諸～脯肉

奏讞書 56 佐悄等詐簿爲徒～

奏讞書 162 夫人～婢媚

二年律令 337 ～之不善

二年律令 343 欲令歸户入～

0497 飯

飯

9

奏讞書 163 ～中有蔡長半寸

奏讞書 169 毋入～中

二年律令 293 ～一斗肉三斤

奏讞書 169 顧與～中蔡比之

奏讞書 170 君出～中蔡比之

引書 53 左手據地右手把～

0498 飽

飽

2

引書 6 歓食飢～

0499 饒

饒

1

二年律令 452 平陸～陽周

0500 餘

餘

24

二年律令 241 其～

筭數書 134 ～爲法

奏讞書 83 居十～日

奏讞書 80
舍人簪裹～

二年律令 382
田宅及～財

二年律令 255
～以入頃芻律入錢

二年律令 256
～見芻稾數

奏讞書 90
布～及它當坐者

二年律令 414
戍有～及少者

0501
飢

飢

2

引書 6
歓食～飽

0502
餽

餽

1

二年律令 63
通歓食～遺之

亼部

0503
合

合

12

蓋廬 53
城衆而無～者

蓋廬 40
～則去北

遣策 22
竹簽一～

0504
今

今

58

奏讞書 76
至～不來

奏讞書 106
～講曰

奏讞書 147
～新黔首實不安輯

奏讞書 162
～宰人大夫

奏讞書 175
～佐丁盜粟一斗

奏讞書 176
～佐丁盜一斗粟

0505

舍

31

奏讞書 178
～丁有宵人心

奏讞書 189
～廷史申繇使

奏讞書 218
～弗佩

奏讞書 227
～獄史舉闕得微

二年律令 343
～毋它子

筭數書 135
～有糲稗十斗

奏讞書 65
～匿之

奏讞書 67
卒史建～治

奏讞書 70
～人士五興

奏讞書 74
卒史建～治

奏讞書 80
故爲新鄭信～人

奏讞書 80
～人簪褭餘

奏讞書 82
小簪褭遀守～

奏讞書 83
信～人萊告信曰

奏讞書 206
及賈市者～人

二年律令 4
燔寺～

蓋盧 35
後人未～

蓋盧 33
疾行不～者

會部

0506

會

5

二年律令 256
恒～八月朢

二年律令 474
皆～八月朔日試之

奏讞書 151
跂來～

倉部

0507

倉

4

二年律令462
長信～

二年律令471
～庫少內

入部

0508

入

102

二年律令61
徼外人來～爲盜者

二年律令404
亡人道其署出～

引書7
～宮從昏到夜

脈書29
出肘中～耳中

二年律令338
～贅

引書6
～宮以身所利安

二年律令480
不～史卜祝者

二年律令163
複～奴婢之

引書109
自～水中

0509

內

56

二年律令215
中關～史

二年律令215
自尉～史以下

引書96
～指耳中而力引之

二年律令82
～公孫

二年律令82
～公耳玄孫

二年律令177
～孫毋爲夫收

脈書39 上穿責之～廉

奏讞書60 ～當以爲僞書論

奏讞書203 病臥～中

脈書27 出肘～廉

奏讞書60 郪人官大夫～

二年律令217 它～官卌日

缶部

0510 䍃

2

引書9 ～（蹈）卌

0511 缺

3

二年律令102 若丞～

0512 缿

2

二年律令429 皆爲～

矢部

0513 矢

10

二年律令18 挾毒～若謹毒

二年律令19 毒～謹臧

筭數書57 羽～

0514
矰

2

筭數書166
直如法～（增）不分

0515
矦

31

奏讞書20
南亡之諸～

奏讞書22
即從諸～來誘也

奏讞書24
以亡之諸～論

奏讞書25
當以從諸～來誘論

奏讞書88
皆關內～

奏讞書90
非諸～子

二年律令1
降諸～

二年律令1
諸～人來攻盗

二年律令221
諸～王

0516
短

2

二年律令141
以～兵殺傷

0517
矣

7

奏讞書134
唯謂雁久～

脈書53
五臧虛則玉體利～

奏讞書150
雁欲繹縱罪人明～

引書107
則利其身～

高部

0518 高

24

- 二年律令455　泫氏～都銅鞮
- 二年律令363　～不盈六尺二寸
- 筭數書149　～二丈

0519 亭

14

- 奏讞書37　見池～西
- 奏讞書40　見池～西
- 二年律令1　以城邑～鄣反
- 二年律令471　都市～厨
- 二年律令266　令門～卒捕盜行之
- 二年律令1　及守乘城～鄣
- 奏讞書76　公粱～校長丙
- 奏讞書100　～慶以書言
- 奏讞書75　出行公粱～
- 奏讞書61　毄母媼～中

冂部

0520 市

48

- 奏讞書89　居故～里
- 奏讞書96　皆當棄～
- 奏讞書186　不孝棄～

0521

央

10

二年律令 88
棄～

奏讞書 190
當棄～

二年律令 35
皆棄～

奏讞書 189
不孝棄～

蓋廬 3
害之有～（殃）

二年律令 461
未～走士

二年律令 467
未～食官

二年律令 449
未～厩

京部

0522

就

8

奏讞書 83
欲前～武

脈書 12
其疕～〓然爲潞

二年律令 143
畏耎弗敢～

亯部

0523 重

享

3

二年律令 289
～（椁）級六百

二年律令 289
賜棺～（椁）

二年律令 289
～（椁）級三百

㫗部

0524

厚

𠩺

4

筭數書 143

以下～增之

筭數書 143

鄆都下～四尺

畗部

0525

良

㿟

3

二年律令 221

孺子～人

二年律令 222

孺子～人

㐭部

0526

稟

𥞥

24

二年律令 234

～米

二年律令 354

～鬻米月一石

筭數書 90

～毀繫

嗇部

0527

嗇

𠾂

18

二年律令 260

～夫

二年律令 7

船～夫

二年律令 179

官～夫

二年律令 329
鄉部～夫

奏讞書 121
廷尉兼謂汧～夫

奏讞書 26
謂胡～夫瀸獄史闌

來部

0528

來

39

奏讞書 20
是闌～誘及奸

奏讞書 20
～送南而取爲妻

奏讞書 20
非～誘也

奏讞書 25
當以從諸侯～誘論

奏讞書 76
至今不～

奏讞書 138
且～復治

奏讞書 144
幸南郡～復治

奏讞書 189
中繇使而後～

蓋廬 4
訞孽不～

二年律令 61
徼外人～入爲盜

麥部

0529

麥

16

筭數書 89
～十斗

筭數書 90
～菽荅麻

筭數書 98
～少

算數書 102
～十二分升之五

算數書 103
～廿二分升之十五

夊部

0530 致

14

奏讞書 1
已受～書

二年律令 74
必有符～

二年律令 74
毋符～

二年律令 211
不自～事

二年律令 219
相國御史案～

二年律令 513
～告

0531 憂

11

奏讞書 1
男子毋～

奏讞書 2
毋～曰

奏讞書 4
毋～即屯卒

脈書 55
氣勤則～（擾）

0532 夏

15

二年律令 249
春～

引書 1
春産～長秋收冬臧

引書 103
春～秋冬之閒

引書 105
～日再虖

韋部

0533

韋

3

筭數書 91

十步三～（圍）束一

筭數書 153

曰大四～（圍）

筭數書 154

四～（圍）

弟部

0534

弟

5

二年律令 115

兄姊～夫妻

二年律令 195

復男～兄子

久部

0535

久

13

二年律令 507

～案閱

二年律令 52

入門衛木～

二年律令 382

勞～

脈書 62

不可～（灸）殹

桀部

0536
磔

8

奏讞書 220
即急訊～

二年律令 66
皆～

二年律令 88
女子當～若要斬

0537
乘

190

筭數書 133
贏不足互～母

二年律令 1
及守～城亭鄣

二年律令 291
公～比六百石

筭數書 168
～之田一畝

脈書 53
～車食肉

奏讞書 58
～私馬一匹

二年律令 315
公～廿宅

二年律令 360
公～

蓋廬 12
命曰～埶

脈書 24
病甚則欲～高而歌

第六　木部——朙部

木部

0538 木 𣎳 11

二年律令 52
入門衛～久

二年律令 249
伐材～山林

引書 40
取～善削之

引書 52
爲～鞠

0539 杜 5

奏讞書 183
～濡女子甲

奏讞書 188
告～論甲

二年律令 486
茜御～主樂

0540 楊 14

奏讞書 88
居雒陽～里

二年律令 467
～關

筭數書 105
～

0541 柳 2

奏讞書 177
～下季曰

奏讞書 176
～下季爲魯君治之

0542 枳 2

二年律令 27
折～（肢）齒指

0543	0544	0545	0546	0547	0548	0549	0550
權	机	某	樹	本	朱	末	枚

3	1	1	1	1	26	5	5
 引書45 右手據~	 遣册37 伏~（几）一	 二年律令275 以~縣令若丞印封	 二年律令245 谷巷~巷	 脈書39 夾舌~	 筭數書30 六十三分~（銖）	 脈書45 四~痛	 奏讞書172 六~
 引書46 以左手據~					 筭數書74 斗升斤兩~（銖）	 筭數書64 月~盈十六日歸	 奏讞書172 二~
					 筭數書79 五分~（銖）一		 奏讞書202 荆券一~

0551

榣

13

奏讞書143
皆～（搖）恐吏罪之

引書34
上下～（搖）之

引書101
反～（搖）以利腹心

奏讞書139
皆～（搖）恐

0552

枉

1

二年律令60
受賕以～灋

0553

格

8

奏讞書37
武～鬬

奏讞書38
誠～鬬以劍擊傷視

奏讞書42
乃～鬬

奏讞書45
武～鬬傷視

二年律令152
所捕～鬬而殺傷之

0554

材

17

筭數書153
以圜～爲方材

二年律令249
伐～木山林

筭數書153
以睘～（裁）方

筭數書155
圜～之徑也

0555

極

26

引書67
～之三而已

引書51
～之

引書32
～之

0556 柱

柱

2

脈書 54
夫骨者～毄

0557 枅

枅

1

奏讞書 101
守～（汧）邑南門

0558 橦

橦

3

蓋廬 28
日～八日

蓋廬 6
轉～（動）更始

0559 櫝

櫝

2

二年律令 501
以令若丞印封～槥

0560 栝

栝

3

杯遣策 37
枚～七

0561 案

案

19

奏讞書 177
臣～其上功牒

奏讞書 182
捕奸者必～之校上

奏讞書 188
捕者雖弗～校上

二年律令 396
令毋害都吏復～

二年律令 219
相國御史～致

奏讞書 195
捕者弗～校上

0562 機

機

1

二年律令 251
置它～能害人

編號	字頭	數量	例
0563	棓	2	引書 2　歓水一～（杯） 引書 4　歓水一～（杯）
0564	臬	2	引書 100　～栗以利柎項
0565	樂	10	二年律令 449　外～ 奏讞書 106　踐十一月更外～ 二年律令 486　茜御杜主～皆五更 奏讞書 121　故～人 奏讞書 101　～人
0566	柎	2	引書 100　臬栗以利～項
0567	枹	2	奏讞書 164　～（庖）俎上
0568	橋	4	二年律令 66　～（矯）相以爲吏 二年律令 414　市垣道～
0569	梁	2	二年律令 456　陳留～圉姊歸

0570

校

10

奏讞書 183
必案之～上

奏讞書 188
捕者雖弗案～上

奏讞書 195
捕者弗案～上

奏讞書 76
公粱亭～長丙

奏讞書 80
殺武于～長丙部中

奏讞書 92
～長丙

0571

采

7

奏讞書 56
～鐵長山

二年律令 438
民私～丹者租之

引書 4
多食～（菜）

0572

析

1

二年律令 457
～酈鄧

0573

休

14

引書 36
亦卷而～

引書 56
壹左壹右而～

引書 64
廿而～

引書 64
卅而～

0574

棺

15

二年律令 284
居縣賜～

二年律令 284
賜衣～及官常

二年律令 284
居縣賜～及官衣

奏讞書 195
與男子奸～喪旁

奏讞書 183
喪～在堂上

遣策 6
黃卷□一～中

0575 槽

2

⿱曹木 二年律令501 以令若丞印封櫝～

0576 榫

1

二年律令27 ～傷人

東部

0577 東

7

奏讞書60 河～守

奏讞書61 河～守

蓋廬7 ～方爲左

林部

0578 林

1

二年律令249 毋敢伐材木山～

0579 楚

8

奏讞書9 ～時去亡降爲漢

奏讞書11 ～時亡

奏讞書13 ～時亡

奏讞書40 ～時亡見池亭西

奏讞書89 皆故～爵

叒部

0580 桑

桑 2

奏讞書 165 ~炭甚美

奏讞書 165 ~炭

之部

0581 之

之 797

奏讞書 40 捕~

奏讞書 24 以亡~諸侯論

奏讞書 92 敢言~

奏讞書 143 皆榣恐吏罪~

奏讞書 193 吏捕~

奏讞書 1 夷道汧丞嘉敢讞~

奏讞書 3 即遣~

奏讞書 218 佩~市

奏讞書 85 即縱~

奏讞書 178 君子~節

奏讞書 227 咸陽丞穀禮敢言~

二年律令 1 降~

奏讞書 68 種縣論敢言~

奏讞書 92 捕蒼而縱~

奏讞書 228 勸它吏敢言~

二年律令 52 城門～蘥

二年律令 1 棄去～

二年律令 6 耐～

二年律令 71 吏捕頗得～

二年律令 71 以人數購～

二年律令 344 子謁歸户許～

帀部

0582

師

1

二年律令 365 有學～者學之

出部

0583

出

163

二年律令 100 其自～者

奏讞書 62 ～媿疑罪

引書 32 汗～走理

奏讞書 207 即薄～入所

奏讞書 211 ～入不節

奏讞書 211 ～入

脈書 14 汗不～而渴

奏讞書 170 君～飯中蔡比之

脈書 46 ～臑内陰

0584

賣

26

奏讞書75 ～行公粱亭

奏讞書167 媚衣褎有敝而絮～

脈書39 ～胎中央

二年律令523 闌～入

奏讞書199 女子齔～

奏讞書203 不見～入者

二年律令321 予人若～宅

奏讞書12 媚復爲婢～媚當也

二年律令261 販～貿買

二年律令338 勿貿～

筭數書135 ～得十三錢

二年律令260 販～

奏讞書11 即占數～椽所

奏讞書13 復婢～媚

二年律令322 貿～田宅

奏讞書70 興義與石～

奏讞書122 妻子已～者

朩部

0585

南

36

奏讞書17 令女子～冠繳冠

奏讞書18 ～齊國族田氏

奏讞書23 闌送～取以爲妻

奏讞書144
幸～郡來復治

蓋廬7
～方爲表

奏讞書138
以爲～郡且來復治

二年律令456
河～

生部

0586
生
17

蓋廬26
～陽也

蓋廬26
冬～生陽也

奏讞書191
夫～而自嫁

奏讞書192
夫～而自嫁

奏讞書194
侵欺～父

奏讞書194
侵～夫罪

奏讞書189
有～父而弗食三日

奏讞書190
有子不聽～父教

0587
產
50

二年律令2
父母妻子同～

二年律令387
同～

二年律令325
毋父母同～爲占

引書34
尚無～（顔）

脈書25
其所～產病

引書33
清～（顔）以塞水

二年律令 358
民～子五人以上

引書 1
春～夏長秋收冬臧

二年律令 308
畜～

二年律令 325
同～年

筭數書 86
秏租～多乾少

乇部

0588
乇

1

引書 85
～（吒）而勿發

束部

0589
束

7

筭數書 91
十步三韋～一

脈書 54
骨者柱殹筋者～殹

筭數書 92
一～

槖部

0590
槖

3

脈書 52
户貙不～（蠹）

口部

0591 圜

11

二年律令 448
成固～陽

筭數書 155
～材之徑也

脈書 51
面墨目～視雕

0592 回

6

引書 17
～周者

蓋盧 29
凡攻軍～衆之道

蓋盧 29
攻軍～衆何去何就

0593 國

24

奏讞書 18
南齊～族田氏

二年律令 219
二千石官上相～

二年律令 516
相～

蓋盧 4
～無盜賊

0594 困

2

筭數書 148
～蓋

0595 園

6

二年律令 429
～池

二年律令 518
請以～印爲傳

二年律令 463
東～主章

0596 因

28

筭數書 113
粟求米～而三之

筭數書 129
～爲盧唐

筭數書 153
～而五之爲實

筭數書155
~而四之以爲實

0597
因

3

奏讞書95
縱~與同罪

奏讞書158
篡遂縱~

奏讞書158
死罪~黥爲城旦

0598
固

8

奏讞書26
讞~有審

蓋廬13
命曰增~

脈書64
脈~有 動者

蓋廬35
前壘未~

引書72
~箸少腹

二年律令448
蒲反成~圜陽

奏讞書198
~追求賊

0599
困

1

奏讞書211
貧急窮~

員部

0600
員

2

二年律令230
爲傳過~

貝部

0601 財

22

奏讞書 150 言獨～（裁）

奏讞書 215 受孔衣器錢～

奏讞書 157 上書言獨～（裁）

奏讞書 146 上書言獨～（裁）

二年律令 14 若受賞賜～物

二年律令 66 求錢～

二年律令 184 而敢字貸錢～者

二年律令 174 皆收其妻子～田宅

二年律令 72 劫人者錢～

0602 資

2

奏讞書 186 ～當次父母如律

0603 賢

4

奏讞書 61 士吏～主大夫⿰羊兆=

奏讞書 61 獄史令～求弗得

蓋盧 4 ～毅則起

奏讞書 62 ～當罰金四兩

0604 齎

2

二年律令 289 欲受～者

0605
貸

2

二年律令184
敢字～錢財

0606
賞

20

二年律令205
吏捕得之～如律

二年律令152
其當購～者

二年律令63
有～如捕斬

二年律令64
除其罪勿～

二年律令152
半購～之

奏讞書66
以爵～免

奏讞書65
以爵當～免

0607
賜

26

奏讞書88
～爵爲廣武君

二年律令150
級～萬錢

奏讞書163
媚當～衣

二年律令294
比～之

二年律令297
～吏酒食

二年律令289
～棺享

0608
贏

11

筭數書133
皆～（盈）若不足

筭數書32
今有～四錢

筭數書136
同～（盈）不足

0609
負

27

引書21
～而倂左右

引書25
～而倂極之

筭數書126
～炭道車

（負，續）

- 筭數書 126　～炭遠到官
- 筭數書 126　～炭【山】中
- 筭數書 127　七日亦～到官
- 二年律令 410　以其費～之
- 二年律令 14　其以避～償
- 二年律令 7　盡～之

0610
賓

賓　1

- 蓋盧 4　變夷～服

0611
贅

贅　13

- 奏讞書 85　詰丙～
- 奏讞書 81　丙與發弩～荷捕蒼
- 奏讞書 96　信蒼丙～皆當棄市
- 二年律令 338　入～
- 奏讞書 89　～威昌君
- 奏讞書 95　以此當丙～

0612
質

質　8

- 奏讞書 100　牛一～疑盜謁論
- 奏讞書 110　小紖瘢相～五也
- 奏讞書 118　筍紖瘢相～五也
- 二年律令 429　租～户賦園池

0613 貿

6

- 二年律令261　販賣～買
- 二年律令338　勿～賣
- 二年律令322　～賣田宅

0614 贖

51

- 二年律令89　當耐者～耐
- 奏讞書53　有當～耐
- 二年律令153　～如律
- 奏讞書73　毋得以爵減免～
- 二年律令39　令～死
- 二年律令48　令～死
- 奏讞書51　自～
- 奏讞書72　毋得以爵減免～

0615 責

9

- 奏讞書108　以水～（漬）講北
- 二年律令72　勿～其劫人所得臧
- 二年律令230　以平賈～錢

0616 賈

34

- 奏讞書9　～（價）錢萬六千
- 奏讞書202　其齒類～人券
- 引書48　～（假）縛兩胕
- 奏讞書206　～市者舍人
- 二年律令260　所販賣及～錢
- 二年律令434　～（價）以減償
- 奏讞書204　謙視～市者

0617

販

8

奏讞書 204
今令～繒者斁視

奏讞書 210
不日作市～

二年律令 260
市～匿不自占租

二年律令 260
其所～賣

0618

買

37

奏讞書 8
～婢媚士五點所

二年律令 520
請得～馬關中

二年律令 320
欲益～宅

筭數書 138
今以十六錢～米

奏讞書 218
～鞞刀

二年律令 261
販賣貿～而詐紿人

奏讞書 105
牽～（賣）雍而得

奏讞書 100
毛～（賣）牛一

奏讞書 105
～（賣）分講錢

0619

賦

11

二年律令 255
五月户出～十六錢

二年律令 429
户～

奏讞書 2
以當繇～

奏讞書 4
以當繇～

奏讞書 5
以當繇～

0620

貪

1

蓋廬 50
～而不仁者

0621 貧

4

奏讞書 201　弟兄～竊

奏讞書 210　～急竊困

奏讞書 220　～急毋作業

0622 賕

4

奏讞書 52　行～狂灋

二年律令 60　受～以枉灋

二年律令 60　行～者

0623 購

28

二年律令 71　有～錢人五萬

二年律令 71　以人數～之

二年律令 139　半～詗者

二年律令 152　其當～賞者

二年律令 152　半～賞之

0624 賓

2

奏讞書 5　歲出～錢

0625 貴

5

奏讞書 206　～大人臣

二年律令 242　芻稾節～於律

引書 107　～人之所以得病

邑部

0626 邑

16

奏讞書 101　守枅～南門

二年律令 247　鄉部主～中道

奏讞書 222　～中少人

0627

郡

38

二年律令 1
以城～亭鄣反

二年律令 451
楬～

奏讞書 74
恢居鄺～建成里

二年律令 213
～守二千石官

二年律令 240
上～地惡頃入二石

奏讞書 152
南～復吏

奏讞書 144
辛南～來復治

二年律令 446
～候

二年律令 481
～守官之

奏讞書 138
以爲南～且來復治

0628

都

32

奏讞書 82
武主趣～中

二年律令 347
亦輒遣～吏案效之

二年律令 347
遣～吏效代

奏讞書 1
告爲～尉屯

奏讞書 116
魁～從軍

奏讞書 89
居新郪～

二年律令 396
～吏復案

0629

郵

20

二年律令 266
地險陜不可置～者

二年律令 266
近邊不可置～者

二年律令 266
卌里一～

0630

竈

11

奏讞書 60
～人官大夫

竈　引書 14
～視者反昔

二年律令 152
～之而自殺也

奏讞書 211
貧急～困

奏讞書 201
弟兄貧～

窖　奏讞書 76
弗～訊

奏讞書 77
弗～訊

0631

鄭

3

二年律令 81
～妳書

0632

邽

2

二年律令 449
上～

0633

部

21

二年律令 328
鄉～嗇夫

二年律令 450
司空田鄉～二百石

二年律令 247
鄉～主邑中道

二年律令 76
吏卒徒～主者智

二年律令 147
吏～主者

二年律令 329
鄉～嗇夫

0634 邯　1

奏讞書 24
助趙～鄲城

0635 鄲　1

奏讞書 24
助趙邯～城

0636 鄧　1

二年律令 457
～南陵

0637 邛　1

二年律令 447
臨～

0638 郎　10

二年律令 513
～中

二年律令 504
～中

二年律令 504
上中夫=～=中=爲書

0639 鄣　2

二年律令 1
以城邑亭～反

二年律令 1
守乘城亭～

䣈部

0640 鄉　22

二年律令 201
～部

二年律令 329
～部嗇夫

引書 36
～（嚮）壁毋息

0641 重

巷

8

奏讞書 129
利～反

巷　奏讞書 198
到～中

奏讞書 223
即從到～中

二年律令 245
盜俑～術

二年律令 245
谷～

二年律令 466
長信光～

二年律令 463
長信永～

二年律令 466
未央光～

二年律令 245
樹～

第七　日部——㫃部

日部

0642 日

126

- 二年律令 377　己葬卅～
- 二年律令 377　十五～
- 奏讞書 193　～與它男子奸
- 奏讞書 189　有生父而弗食三～
- 奏讞書 190　不祠其冢三～
- 奏讞書 110　十一月不盡可三～
- 奏讞書 212　數～
- 二年律令 141　卅～
- 二年律令 146　言之而留盈一～
- 奏讞書 60　留書八～
- 奏讞書 77　出入廿～

0643 時

43

- 二年律令 305　以～開
- 奏讞書 9　楚～去亡
- 奏讞書 12　雖楚～去亡
- 奏讞書 13　楚～亡
- 奏讞書 38　楚～去亡
- 奏讞書 40　楚～亡

（續）	（續）	0644 昧	0645 昭	0646 昫			0647 昏
		昧（小篆）	昭（小篆）	昫（小篆）			昏（小篆）
		1	4	13			3
 二年律令 345 皆以八月戶～	 奏讞書 102 晦夜半～	 奏讞書 210 晨～里	 奏讞書 119 丞～	 引書 112 暑則精婁～（呴）	 引書 33 急虖急～（呴）	 引書 104 炊～（呴）虖吸	 昬 引書 2 從～到夜
 二年律令 345 非戶～勿許	 奏讞書 174 異～魯灋		 奏讞書 106 丞～史敢銚賜論	 引書 109 弗智～（呴）虖	 引書 105 偃臥炊～（呴）		
 二年律令 242 入芻稾～平賈	 奏讞書 11 楚～亡			 引書 105 春日再～（呴）	 引書 105 壹～（呴）壹炊		

0648 旱 （2）

- 奏讞書 82　五月中天～不雨

0649 昌 （5）

- 奏讞書 89　贅威～君
- 奏讞書 49　～與相如約
- 奏讞書 50　爲～錯告不孝

0650 暑 （7）

- 蓋廬 31　甚寒甚～
- 引書 112　～則精婁昫
- 蓋廬 31　甚寒甚～

0651 昔 （14）

- 引書 13　反～（錯）手北
- 引書 14　反～（錯）手北
- 引書 15　～（錯）手
- 引書 16　反～（錯）手北
- 引書 17　～（錯）兩手
- 引書 18　反～（錯）手北

旦部

0652 旦 （105）

- 奏讞書 181　完爲城～舂
- 奏讞書 187　當黥爲城～舂
- 二年律令 55　完爲城～舂
- 奏讞書 192　皆黥爲城～舂
- 二年律令 394　皆黥爲城～舂
- 二年律令 68　以爲城～舂

奏讞書158
黥爲城～

二年律令4
爲城～舂

倝部

0653 朝

2

朝 引書41
～爲千

㫃部

0654 旗

2

奏讞書212
落莫行正～下

奏讞書221
恒游～下

0655 施

2

蓋廬12
左陵而軍命曰清～

0656 游

3

引書2
被髮～（遊）堂下

0657 旋

6

引書18
昔手撟而後～

引書15
～信者

引書28
～（膺）

0658

族

1

奏讞書18
南齊國～田氏

晶部

0659 重

星

5

蓋廬6
列～爲紀

蓋廬25
珍～土也

蓋廬25
相～水也

蓋廬24
～辰日月

0660 重

參

7

蓋廬6
～（三）辰爲剛

引書21
～倍者

二年律令233
～食

二年律令334
皆～辨券書之

月部

0661

月

258

二年律令474
皆會八～朔日試之

奏讞書1
六～戊子

奏讞書8
十一年八～

奏讞書 11
六年二～中得媚

奏讞書 227
六年八～丙子朔

奏讞書 82
五～中天旱不雨

奏讞書 108
以十～中見講

奏讞書 110
十一～不盡可三日

二年律令 246
秋七～

二年律令 246
九～大除

二年律令 256
恒會八～朢

二年律令 328
恒以八～

二年律令 345
皆以八～戶時

二年律令 438
男子～六斤九兩

二年律令 398
過三～

0662

朔

13

二年律令 474
皆會八月～日試之

奏讞書 227
六年八月丙子～

奏讞書 26
十年八月庚申～

奏讞書 1
十一年八月甲申～

奏讞書 8
十一年八月甲申～

奏讞書 121
十月癸酉～

0663

期

3

二年律令 269
諸有～會而失期

二年律令 269
諸有期會而失～

有部

0664

有

343

奏讞書 163
飯中～蔡長半寸

二年律令 431
～識者

奏讞書 156
未～以捕章捕論

奏讞書 189
～生父而弗食三日

二年律令 414
戍～餘及少者

二年律令 176
～罪完舂

蓋廬 4
毋～疾戕

奏讞書 26
灋固～審

遣策 15
～匕

奏讞書 135
脩～（又）益發

奏讞書 190
～子不聽生父教

奏讞書 11
媚未～名數

二年律令 176
夫～罪

奏讞書 29
符～名數明所

奏讞書 28
未～名數

奏讞書 178
今丁～宵人心

奏讞書 146
論之～灋

奏讞書 198
～頃乃起

二年律令 8
～（又）亡粟米它物

二年律令 176
妻～罪

遣策 39
筆一～管

囧部

0665 朙

14

明 奏讞書 213　～有然

二年律令 479　善祝～祠事者

脈書 25　是陽～脈主治

奏讞書 29　爲大夫～隸

奏讞書 29　～嫁符隱官解妻

奏讞書 29　符有名數～所

夕部

0666 夕

1

蓋盧 30　～望其埃

0667 夜

15

引書 42　～半爲千

引書 2　從昏到～大半止之

引書 4　入宮從昏到～半止

奏讞書 183　與丁母素～喪

引書 48　朝日中～半皆爲千

0668 外

34

奏讞書 106　踐十一月更～繇

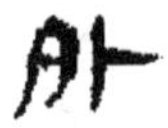

二年律令 19　節追～蠻夷盜

二年律令 61　徼～人來入爲盜者

二年律令 449 ~樂

脈書 25 腹~種

脈書 20 足~反

二年律令 509 闌~郡買計獻馬者

多部

0669

多

多 26

奏讞書 130 去北當捕治者~

奏讞書 135 反盜~益發與戰

奏讞書 143 黔首當坐者~

奏讞書 156 當捕者~別離

奏讞書 157 所取荆新地~群盜

二年律令 17 而誤~少其實

二年律令 71 所捕告得者~

二年律令 382 奴婢~

引書 4 ~食采

马部

0670

甬

甬 6

引書 51 引要~（痛）

引書 52 支尻之上~（痛）

引書 52 以當~（痛）者

𠧪部

0671

㮚

2

粟　引書16

梟～者反昔手北

引書100

梟～以利柎項

0672

㮚

66

粟　奏讞書176

丁盜～一斗

奏讞書176

今佐丁盜一斗～

二年律令7

其敗亡～米它物

二年律令8

有亡～米它物

筭數書101

爲～五十四分升

筭數書105

得～七百八十九分升

筭數書106

得～十九斗

筭數書110

稻～四

齊部

0673

齊

2

奏讞書18

南～國族田氏

朿部

0674
棗

2

脈書11—12
癰如～爲牡痔

片部

0675
牒

7

二年律令256
二尺～疏

奏讞書76
毋毄～

奏讞書177
臣案其上功～

奏讞書228
爲奏廿二～

奏讞書68
上奏七～

0676
牗

1

脈書24
欲獨閉户～而處

禾部

0677
禾

13

二年律令216
甲兵～稼

二年律令234
～之比乘傳者馬

筭數書84
得～十九斗七升

筭數書109
～粟

0678 稼

3

二年律令216　甲兵禾～

二年律令253　食人～穡

二年律令253　而令[撟]～償主

0679 穡

1

二年律令253　食人稼～

0680 種

9

奏讞書63　大男子～

奏讞書63　誠智～毋【名】數

奏讞書64　～言如平

奏讞書68　～縣論敢言之

奏讞書64　平智～毋名數

0681 稠

2

奏讞書110　～不可數

奏讞書119　～不可數

0682 私

20

奏讞書54　～使城旦環爲家作

奏讞書56　～使城旦田舂女

奏讞書58　大夫犬乘～馬一匹

二年律令230　～使人而敢爲食傳

二年律令438　民～采丹者租之

二年律令463　長[信]～官

0683 稷

1

蓋廬4　頃其社～

0684 重　术

55

- 筭數書127　～（術）曰
- 筭數書159　～（術）曰
- 筭數書163　求從～（術）
- 筭數書76　～（術）曰
- 筭數書83　～（術）曰
- 筭數書93　～（術）曰

0685　稻

2

- 筭數書110　爲～粟四

0686　秏

10

- 筭數書105　～（秏）一斗二升
- 筭數書86　～（秏）租産多乾少
- 筭數書86　～（秏）租

0687　移

12

- 二年律令328　輒～户及年籍
- 二年律令328　留弗～
- 二年律令328　有～徙者

0688　積

16

- 筭數書148　爲～尺二千尺
- 筭數書151　～七百廿尺
- 二年律令4　縣官～寂

0689　秩

27

- 奏讞書89　～六百石
- 二年律令445　～各八百石
- 二年律令446　～各六百石
- 二年律令464　～各五百石

0690 稾

14

- 二年律令 241 收入芻～
- 二年律令 240 入頃芻～
- 二年律令 241 以當芻～
- 二年律令 242 入芻～
- 二年律令 268 勿令出租芻～
- 二年律令 256 用～數

0691 年

59

- 蓋廬 3 得時則歲～孰
- 奏讞書 8 六～二月
- 奏讞書 11 六～二月
- 奏讞書 13 ～卌歲
- 奏讞書 26 十～八月庚申朔
- 二年律令 174 ～十七以上
- 奏讞書 68 八～四月甲辰朔
- 二年律令 134 ～未盈十歲
- 奏讞書 36 十～七月辛卯朔
- 奏讞書 8 十一～八月
- 二年律令 328 ～籍爵細

0692 租

32

- 二年律令 268 毋～其田一頃
- 二年律令 260 市販匿不自占～
- 二年律令 268 勿令出～芻稾
- 奏讞書 116 其妻～言如講
- 二年律令 260 坐所匿～臧爲盜
- 筭數書 86 秏～産多乾少

0693

税

10

算數書 69
十～田

算數書 38
【三】～之一

二年律令 437
～二錢

0694

稍

2

奏讞書 139
誘召～來

0695

秋

13

二年律令 246
～七月

二年律令 463
長～謁者令

蓋廬 55
～甲乙冬丙丁

引書 6
～日數浴沐

引書 1
春産夏長～收冬臧

0696

程

21

算數書 83
取～

算數書 85
取～五步一斗

算數書 86
取～七步四分步

算數書 91
取枲～

0697

秏

1

引書 100
～（吒）而勿發

秝部

0698

兼

2

二年律令140
尉分將令~將

黍部

0699

黍

6

筭數書88
禾~一石

筭數書138
~凡十斗

筭數書139
~四斗

米部

0700

米

96

奏讞書70
縣官~

二年律令7
其敗亡粟~它物

二年律令8
有亡粟~它物者

二年律令233
車大夫粺~半斗

二年律令233
從者糲~

二年律令234
稾~令自炊

筭數書103
毀~四分升

遣策10
稻~囊一

0701 粱

3

- 奏讞書 75　出行公～亭
- 奏讞書 76　公～亭校長丙

0702 粲

25

- 筭數書 89　爲毀～米六斗
- 二年律令 48　鬼薪白～
- 二年律令 35　鬼薪白～以上
- 二年律令 100　鬼薪白～罪
- 二年律令 82　耐以爲鬼薪白～
- 二年律令 176–177　白～
- 二年律令 124　鬼薪白～罪以上

0703 糲

10

- 筭數書 135　今有～ 粺十斗
- 二年律令 233　從者～米
- 筭數書 135　～米三斗二錢

0704 精

16

- 引書 2　受天之～
- 引書 104　天地之～氣
- 引書 108　吸天地之～氣

0705 粺

16

- 筭數書 103　～丗二分升
- 筭數書 101　～米四分升
- 筭數書 101　～米四分升
- 筭數書 111　粟求～廿七之
- 二年律令 233　車大夫～米半斗

0706

氣

39

引書 5 益之傷～

引書 48 苦兩手少～

脈書 55 ～勶則憂

引書 104 亂～相薄遝也

脈書 50 凡三陰地～毆

脈書 7 得～而少可

0707

𥻨

2

二年律令 18 謹毒～

二年律令 18 或命～謂鼷毒

毇部

0708

糳

2

糳 二年律令 298 二千石吏食～

筭數書 90 稾毀～者

臼部

0709

舂

84

二年律令 4 城旦～

奏讞書 187 當黥爲城旦～

奏讞書 192 皆黥爲城旦～

二年律令 29 黥以爲城旦～

奏讞書 25 匿黥～罪

二年律令 27 皆完爲城旦～

奏讞書195
獨完爲～

二年律令157
轂城旦～

二年律令63
黥爲城旦～

0710
臽

1

蓋廬28
日～十二日

凶部

0711
凶

1

蓋廬29
何如而～

朩部

0712
枲

2

筭數書91
取～程

尗部

0713 重
敊

1

遣策18
～一筩

瓜部

0714

瓜

（小篆字形）

1

遣策27
～一落

宀部

0715

家

（小篆字形）

12

奏讞書54
私使城旦環爲～作

奏讞書193
妻居～

蓋廬4
失時則危其國～

二年律令217
去～二千里以上

二年律令278
～毋當繇者

二年律令462
～馬長信祠祀

奏讞書190
不祠其～三日

0716

宅

（小篆字形）

51

二年律令315
公大夫九～

二年律令313
～不比

二年律令314
大上造八十六～

二年律令313
而毋田～

二年律令322
貿賣田～

0717 室

16

奏讞書166
診夫人食～

奏讞書166
食～

奏讞書212
起～之市

0718 宣

1

二年律令85
吕～王内孫

0719 定

10

筭數書141
其～（頂）方丈

筭數書142
即～

奏讞書147
詔庳以撫～之

二年律令362
～爵士

二年律令322
弗爲～籍

0720 安

31

奏讞書18
徙處長～

奏讞書215
不智～取

引書6
入宫以身所利～

二年律令465
長～厨長

蓋廬6
其央～在

二年律令455
新～

奏讞書140
其大不～

二年律令455
成～

0721 察

2

脈書61
此不可不～毆

0722
完
38

- 奏讞書 179　此以～爲倡
- 奏讞書 176　論～丁爲倡
- 奏讞書 177　～爲倡
- 奏讞書 174　～爲倡
- 奏讞書 181　～爲城旦舂
- 奏讞書 187　勢悍～之
- 奏讞書 188　甲當～爲舂
- 二年律令 12　～爲城旦舂
- 二年律令 55　～爲城旦舂
- 二年律令 86　～爲城旦舂
- 二年律令 123　當～城旦舂
- 二年律令 332　～封奏令

0723
實
84

- 筭數書 133　爲～
- 筭數書 119　以十斗乘之爲～
- 奏讞書 145　～須駐來別籍
- 脈書 52　～四支而虛五臧
- 奏讞書 34　～亡人也
- 奏讞書 30　而～亡人也
- 二年律令 325　不以～三歲以上
- 二年律令 329　～不徙數盈十日
- 引書 108　～其陰

0724
宂
2

- 二年律令 479　以爲宂祝～之

編號	字頭	數量	字例
0725	宧	12	二年律令 217 吏及～皇帝者；二年律令 320 爲吏及～皇帝；二年律令 294 ～皇帝
0726	宰	2	奏讞書 162 ～人大夫説
0727	守	51	奏讞書 77 淮陽～偃刻曰；二年律令 1 不堅～而棄去之；奏讞書 228 ～吏也讞；奏讞書 75 淮陽～；二年律令 474 郡史學童詣其～；奏讞書 58 蜀～讞；二年律令 1 ～乘城亭鄣；奏讞書 60 河東～讞；奏讞書 61 河東～讞；蓋廬 52 中空～疏；蓋廬 53 地大而無～備
0728	宜	7	奏讞書 41 武～聽視；二年律令 448 新野～成蒲反；二年律令 455 新城～陽
0729	寫	2	二年律令 10 僞～勶侯印

0730

宵

1

奏讞書 178
今丁有～（小）人心

0731

寡

9

二年律令 379
毋～令女

二年律令 376
其～有遺腹者

二年律令 174
爲人妻而棄～者

0732

寒

11

引書 112
與燥濕～暑相應

二年律令 286
～者叚衣

脈書 57
故聖人～頭而煖足

引書 112
～則勞身

0733

害

16

脈書 57
利下而～上

奏讞書 130
其事甚～難

二年律令 251
置它機能～人

二年律令 11
不～罰金四兩

奏讞書 26
大僕不～行廷尉事

二年律令 396
令毋～都吏復案

奏讞書 134
弗謂～難恐爲敗

奏讞書 228
毋～謙絜敦慤

0734

索

5

二年律令 76
～（索）弗得

二年律令 76
弗～（索）

二年律令 154
～（索）捕罪人

宮部

0735 宮

6

引書2 入～從昏到夜

引書6 入～以身所利安

引書7 入～從昏到夜

0736 營

2

蓋廬25 ～（熒）或火也

呂部

0737 呂

1

二年律令85 ～宣王內孫

穴部

0738 窯

4

奏讞書2 尉～遣毋憂爲屯

奏讞書4 ～已遣

0739 穿

9

二年律令413 ～波池

脈書17 上～膞出摩中

二年律令251 皆毋敢～穽

0740

窔

1

引書 109
及卧寒～之地

0741

空

15

蓋廬 52
中～守疏

二年律令 205
司～三人以爲庶人

引書 67
兩手～（控）纍

奏讞書 219
何故以～鞞予僕

二年律令 462
大匠官司～

二年律令 464
司～及衛官

二年律令 468
司～二百五十石

0742

突

1

脈書 15
麋～（脱）爲漏

疒部

0743

疾

14

蓋廬 33
～行不舍

蓋廬 4
毋有～戋

奏讞書 199
其䡞婢～

奏讞書 118
不能支～痛

奏讞書 183
公士丁～死

二年律令 433
牧之而～死

0744 痛

痛（篆）　87

- 脈書 8　在肠中～
- 脈書 20　心與脅～
- 脈書 55　～痛如浮
- 脈書 9　少腹～
- 引書 33　[氵帚]=～
- 奏讞書 118　不能支疾～
- 引書 40　而郄善～
- 引書 45　左郄～

0745 病

病（篆）　82

- 奏讞書 17　詳～臥車中
- 奏讞書 203　～臥内中
- 二年律令 20　脯肉毒殺傷～人
- 引書 103　故得～焉
- 脈書 2　～在頭
- 脈書 25　其所産～
- 二年律令 286　有疾～□者
- 二年律令 105　及～
- 曆譜 10　六月～免

0746 疕

疕（篆）　7

- 脈書 2　～爲秃
- 脈書 2　其～痛
- 脈書 4　～爲包
- 脈書 12　其～就就然
- 脈書 15　四節～如牛目

0747	0748	0749	0750	0751	0752	0753	0754
癰	癘	瘧	痔	痕	痏	痍	瘢

11	1	3	2	1	1	3	4
 脈書 12 在踝下～  脈書 10 乳～  脈書 11 在篡～	 厲 脈書 15 麋突爲～	 脈書 19 ～北痛  脈書 15 四節痛爲～	 痔 脈書 12 爲牡～  脈書 12 爲牝～	 二年律令 28 其有～痏	 二年律令 28 其有痏～	 二年律令 142 大～臂臑股胻	 奏讞書 118 筍紖～相質五  奏讞書 110 小紖～相質五

0755 疢

4

脈書25 領～乳痛

奏讞書197 獄史順去～

0756 癉

3

脈書41 嗌中痛～者卧

0757重 ⿸疒夆

6

二年律令363 以爲罷～

二年律令408 皆以爲罷～

脈書38 熱中～（癃）

0758 ⿸疒悤

2

奏讞書211 疑爲盜賊者公卒～等

0759 瘉

1

⿸广俞 脈書10 ⿸疒啇爲～

0760 ⿸疒𠬶

1

⿸疒帚 脈書12 在踝下癰爲～

宀部

0761 冠

6

冠 奏讞書17 令女子南～繳冠

奏讞書17 令女子南冠繳～

奏讞書177 ～鉥冠

奏讞書177
冠鉥～

0762
冣

5

冣　二年律令4
縣官積～

奏讞書153
誘召～城中

冃部

0763
同

86

奏讞書25
～類

奏讞書95
縱囚與～罪

奏讞書94
與賊～灋

奏讞書67
舍匿者與～罪

奏讞書141
前後不～

二年律令2
～產

二年律令36
不～日

二年律令41
親父母之～產

二年律令57
皆與盜～灋

二年律令511
與～罪

筭數書169
～之廿五

筭數書172
～之千八十九

脈書35
此三者～則死

脈書35
水與閉～則死

筭數書164
～之以爲法

0764

兩

151

奏讞書 62
賢當罰金四~

奏讞書 70
得金六斤三~

引書 101
反旋以利~胠

奏讞書 176
罰金一~

二年律令 4
罰金四~

二年律令 5
罰金各二~

二年律令 15
罪名不盈四~

二年律令 15
皆罰金四~

二年律令 52
罰金各二~

二年律令 220
罰金四~

筭數書 74
斗升斤~朱

奏讞書 174
罰金二~

遣策 14
履一~

网部

0765

罪

203

奏讞書 43
存吏當~

奏讞書 43
自以非軍亡奴毋~

奏讞書 25
匿黥舂~

二年律令 64
除其～

二年律令 208
與同～

奏讞書 118
以彼治～也

奏讞書 59
疑～

奏讞書 95
縱囚與同～

二年律令 71
除告者～

0766 署

10

二年律令 404
亡人道其～出入

奏讞書 152
不～前後發

奏讞書 177
～能治禮

0767 罷

7

二年律令 408
若其父母～癃者

二年律令 363
以爲～癃

二年律令 482
吏備～

0768 置

32

二年律令 391
～後律

二年律令 506
～傳馬

二年律令 224
～吏律

二年律令 222
嬰侯得～孺子

奏讞書 225
～券其旁

奏讞書 221
盜～券其旁

二年律令 221
諸侯王得～姬八子

奏讞書 172
君復～炙前

0769 詈

11

二年律令 38
歐～父母

二年律令 42
其奊詢～之

二年律令 41
其奊詢～之贖黥

奏讞書 83
信怒抏劍蕎～

0770 罽 1

二年律令 258
朱縷～〈罽〉

襾部

0771 覆 8

奏讞書 99
～視其故獄

奏讞書 117
～者初訊毛

奏讞書 116
～者訊毛

二年律令 113
毋告劾而擅～治之

二年律令 117
所～治移廷

巾部

0772 帶 6

奏讞書 213
衣故有～

奏讞書 213
黑～

脈書 43
緩～

0773 常 6

二年律令 284
賜衣棺及官～〈裳〉

二年律令 283
官衣～〈裳〉

二年律令 285
～〈裳〉一用縵二丈

奏讞書 122
令自～（尚）

0774
帷

1

奏讞書 166
張～幕甚具

0775
幕

1

奏讞書 166
張帷～甚具

0776
席

9

奏讞書 168
使臥～

二年律令 267
郵各具～

奏讞書 171
君備視～端

奏讞書 167
莞～敝而經絶

0777
布

13

奏讞書 80
求盜大夫～

奏讞書 90
～餘及它當坐者

二年律令 439
金～律

二年律令 259
繙～縠荃蔞

二年律令 51
而～告縣官

0778
希

2

引書 4
夏日數沐～浴

帛部

0779

帛

2

二年律令285
～裹毋絮

白部

0780

白

41

二年律令48
鬼薪～粲

引書109
～汗央絶

二年律令254
鬼薪～粲

二年律令35
鬼薪～粲

二年律令109
鬼薪～粲

奏讞書215
～革鞞傒絹

奏讞書35
律～不當讞

奏讞書174
爲～徒

奏讞書175
～徒者

二年律令29
鬼薪～粲毆庶人

㡀部

0781

敝

3

奏讞書 167
莞席～而經絶

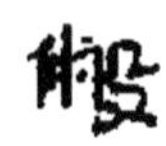

奏讞書 167
媚衣褻有～而絮出

第八 人部——次部

人部

0782

人

356

二年律令57 ~即以其言

奏讞書222 邑中少~

奏讞書30 ~也

奏讞書223 左右瞻毋~

奏讞書43 吏以爲即賊傷~

二年律令483 史~〈卜〉屬郡者

奏讞書31 當以取亡~爲妻論

奏讞書30 而實亡~也

奏讞書60 郪~官大夫内

奏讞書80 舍~簪褭餘

奏讞書70 舍~士五興

奏讞書90 蒼賊殺~

奏讞書23 ~婢清

奏讞書34 實亡~也

蓋廬5 天下~民禽獸皆服

奏讞書83 信舍~萊告信曰

奏讞書80 故爲新郪信舍~

奏讞書218 不智何~所

0783 仁 1

蓋廬 50 貪而不～者 攻之

0784 佩 1

奏讞書 220 雅～鞞刀

0785 何 107

奏讞書 190 子當～論

奏讞書 20 闌匿之也～解

奏讞書 42 是賊傷人也～解

奏讞書 108 毛與講盜牛狀～如

奏讞書 118 ～故言曰與謀盜

奏讞書 141 前後不同皆～解

奏讞書 199 不智～人之所

二年律令 430 不智～人

奏讞書 218 買鞞刀不智～人所

奏讞書 12 去亡～解

筭數書 159 爲啟廣幾～

0786 儋 3

奏讞書 146 ～乏不鬬

奏讞書 158 以～乏不鬬律論

奏讞書 158 ～乏不鬬斬

0787 備 15

奏讞書 77 武出～盜賊而不反

二年律令 154 吏主若～盜賊

奏讞書 85 ～盜賊

奏讞書 75　從獄史武～盜賊

奏讞書 134　勉力善～

0788 偕

12

奏讞書 18　與～歸臨菑

奏讞書 19　與～歸臨菑

奏讞書 144　恐弗能盡～捕

奏讞書 145　以～捕之

二年律令 58　謀～盜而各有取也

筭數書 136　令～（皆）耦也

0789 俱

2

引書 97　手與口～上俱下

0790 傅

19

二年律令 364　皆～之

二年律令 359　不爲後而～傅者

二年律令 412　免老小未～者

二年律令 363　當～

二年律令 362　當爲父爵後而～者

奏讞書 216　戔～鞞者處

0791 佴

3

二年律令 474　學～

二年律令 480　學～

0792 侍

6

脈書 53　静則～（待）之

蓋盧 39　我善～（待）之

0793 付 1

二年律令276 相～受財物

0794 伍 8

二年律令260 列＝長～人弗告

二年律令141 殺傷其將及～人

二年律令201 ～人不告

二年律令390 ～里人

二年律令141 追求盜賊必～之

0795 什 1

二年律令278 上手～（十）三人

0796 佰 2

二年律令246 一～（陌）道

二年律令246 除千～（陌）之大草

0797 作 14

二年律令97 償日～縣官罪

奏讞書220 貧急毋～業

奏讞書54 私使城旦環爲家～

二年律令157 ～官府

奏讞書56 令内～解書廷

0798 假 3

二年律令19 以～之

0799 侵

5

- 奏讞書 194 ～欺生父
- 奏讞書 194 ～生夫罪
- 帰　二年律令 245 盜～巷術

0800 㑥

7

- 奏讞書 135 往～視
- 二年律令 446 中～
- 二年律令 446 郡～
- 二年律令 446 衛將軍～
- 二年律令 446 衛尉～

0801 償

15

- 二年律令 14 其以避負償
- 二年律令 434 賈以減～
- 二年律令 97 負～
- 二年律令 157 皆～亡日
- 二年律令 434 以平賈～
- 二年律令 401 有～乏繇日

0802 代

13

- 奏讞書 203 令獄史舉闒～
- 二年律令 265 ～者有其田宅
- 二年律令 382 ～户者毋過一人
- 二年律令 379 死毋子男～户
- 二年律令 322 ～户

0803 便

2

二年律令 267
得進退就～處

0804 任

10

二年律令 484
謁～史

二年律令 145
皆爲不勝～

二年律令 390
毋下五人～占

0805 使

41

奏讞書 82
～舍人小簪褭遣

奏讞書 168
～臥席

二年律令 232
諸二千石官～人

奏讞書 189
申繇～而後來

蓋廬 51
～務勝者攻之

蓋廬 51
～民苛者攻之

二年律令 74
～者所以出

二年律令 500
繇～

二年律令 216
諸～而傳不名

奏讞書 54
私～城旦環爲家作

0806 傳

48

奏讞書 18
襄大夫虞～

奏讞書 156
～詣脩

二年律令 216
諸使而～

二年律令 233
皆得爲～傳食

二年律令 238
～食律

二年律令 522
魯御史爲～

0807 倍

29

蓋盧 12
～（背）水而軍

筭數書 27
因而～之

筭數書 34
而皮～我

0808 偏

10

奏讞書 211
～（徧）令人微隨

二年律令 68
當坐者～（徧）捕

二年律令 176
及爲人～妻

0809 僞

16

奏讞書 59
犬與武共爲～書也

奏讞書 60
内當以爲～書論

二年律令 10
～寫徹侯印棄市

0810 倡

5

奏讞書 175
～當城旦

奏讞書 179
此以完爲～

奏讞書 177
完爲～

奏讞書 176
論完丁爲～

0811 債

4

奏讞書 202
婢～所有

奏讞書 198
婢～有頃乃起

奏讞書 203
婢～

0812 偃

8

二年律令 458
襄城～郟

引書 67
以力～極之

奏讞書 77
淮陽守～刻曰

0813 傷

63

奏讞書 38
以劍擊～視

奏讞書 42
是賊～人也

奏讞書 199
乃自智～

奏讞書 43
誠以劍擊~視

二年律令 38
賊殺~父母

奏讞書 43
吏以爲即賊~人

奏讞書 42
以劍擊~視

二年律令 141
以短兵殺~其將及伍人

二年律令 28
其毋~也

0814
伏

9

蓋盧 4
暴亂皆~

引書 49
端~加頤枕上

奏讞書 128
除弦~不治

0815
係

3

引書 67
~纍長五尋

傒　奏讞書 215
白革鞞~絹

0816
伐

8

筭數書 129
欲令一人自~竹

筭數書 129
一日~竹六十箇

奏讞書 115
不審~數

0817
但

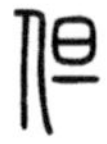

2

奏讞書 198
~（撣）錢千二百

奏讞書 222
操簦~（撣）錢

0818
仗

1

二年律令 335
皆受~（杖）

0819
佐
14

奏讞書 54
～啟主徒令史冰

奏讞書 176
今～丁盜一斗粟

二年律令 201
盜鑄錢及～者

奏讞書 175
今～丁盜粟一斗

二年律令 232
屬尉～以上

0820
免
30

二年律令 38
～除

二年律令 143
～之

二年律令 350
毋還～徙

奏讞書 72
毋得以爵減～贖

奏讞書 73
毋得以爵減～贖

二年律令 153
～以爲庶人

0821
佩
7

奏讞書 213
帶有～（佩）處

奏讞書 218
孔雅～（佩）刀

奏讞書 218
～（佩）之市

0822
備
13

奏讞書 171
君～（俛）視席端

佛
引書 84
以～（俛）據地

引書 13
而前～（俛）

引書 21
而～（俛）左右

引書 16
～（俛）而反鉤之

引書 92
～（俛）力引之

七部

0823 真

𥄂 2

二年律令105　令長若～丞存者

0824 化

𠤎 2

脈書8　左右不～

脈書9　左右不～

匕部

0825 匕

1

遣策15　一箭有～

0826 頃

38

奏讞書212　有～即歸

二年律令240　～入二石

奏讞書198　有～乃起

二年律令246　百畝爲～

蓋廬4　～（傾）其社稷

二年律令240　～入芻三石

二年律令241　～入五十五錢

0827

卬

12

- 引書25　前昔手而卬～（仰）
- 引書100　啟口以～（抑）
- 引書13　反昔手北而～（仰）

从部

0828

從

81

- 筭數書75　令下～之以爲法
- 二年律令235　食～者
- 奏讞書199　人～後
- 二年律令233　鹽及～者
- 引書2　～昏到夜
- 引書7　～昏到夜
- 奏讞書77　其～迹類或殺之
- 奏讞書116　魁都～軍
- 二年律令233　～者糲米
- 奏讞書24　～兄趙地
- 奏讞書25　當以～諸侯來誘論
- 奏讞書75　～獄史武備盜賊
- 二年律令217　中～騎
- 筭數書177　得～（縱）八十四步

0829

并

40

- 引書9　～蛩廿
- 引書26　～兩手
- 筭數書95　以斗爲十　～爲法

奏讞書 136
鈷～主籍

奏讞書 136
名籍副～居一笥中

奏讞書 140
皆～居一笥中

奏讞書 142
新黔首籍～

二年律令 328
移不～封

二年律令 328
～封

比部

0830

比

34

奏讞書 170
君出飯中蔡～比之

引書 99
廁～以利耳

二年律令 295
賜公主～二千石

二年律令 372
女子～其夫爵

二年律令 384
宅不～弗得

引書 14
則～者

北部

0831

北

45

奏讞書 110
診講～（背）

奏讞書 114
即磔治毛～（背）

引書 50
引～（背）甬

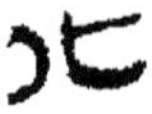
奏讞書 140
三輩戰～

奏讞書 142
新黔首戰～

奏讞書 158
去～

脈書19
瘧～（背）痛

二年律令448
原陽～與

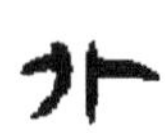
二年律令266
～地上隴西

二年律令142
與盜賊遇而去～

奏讞書118
診毛～（背）

丘部

0832

虛

5

脈書52
實四支而～五臧

脈書53
五臧～則玉體利矣

脈書53
～而實之

㐺部

0833

眾

10

蓋廬29
攻軍回～何去何就

蓋廬29
凡攻軍回～之道

蓋廬33
～有臞心

蓋廬53
城～而無合者

蓋廬42
～環不恐

壬部

0834

徵

7

奏讞書 205
毋～（證）物以得之

奏讞書 226
毋～物

二年律令 232
佐以上～若遷徙者

0835

朢

3

二年律令 256
恒會八月～

重部

0836

重

22

奏讞書 195
不亦～虖

奏讞書 191
罪～

奏讞書 192
罪～

奏讞書 177
不已～虖

二年律令 60
罪～於盜者

二年律令 60
以～者論之

二年律令 215
獄無輕～關於正

二年律令 448
雲陽～泉華陰

臥部

0837 **臥** 24

- 奏讞書 17　詳病～車中
- 奏讞書 203　病～内中
- 引書 52　談～以當甬
- 引書 105　偃～炊昫
- 脈書 35　不能食者～
- 奏讞書 168　衣繫衣使～席

0838 **監** 7

- 二年律令 466　長信宦者中～
- 二年律令 467　未央食官食～
- 奏讞書 184　正始～弘

0839 **臨** 13

- 二年律令 103　皆令監～庳官
- 奏讞書 23　與偕歸～菑
- 二年律令 456　姊歸～沮夷陵
- 奏讞書 19　與偕歸～菑
- 二年律令 179　以～計

身部

0840 **身** 26

- 二年律令 163　～免者
- 引書 6　入宮以～所利安
- 二年律令 124　毋筭事其～
- 脈書 14　頭～痛
- 奏讞書 58　弗～更

衣部

0841 衣

24

- 二年律令 284 賜～棺及官常
- 奏讞書 213 ～故有帶
- 二年律令 286 寒者叚～
- 奏讞書 163 媚當賜～
- 奏讞書 168 ～褩衣
- 奏讞書 168 衣褩～
- 奏讞書 173 賜媚新～
- 奏讞書 207 以爲～食者
- 二年律令 285 官～一
- 引書 109 不智收～
- 引書 49 令人以～爲舉亓尻

0842 表

7

- 蓋盧 23 冬擊其～
- 二年律令 418 冬稾布袍～裏七丈
- 蓋盧 8 南方爲～

0843 裏

8

- 二年律令 285 帛～毋絮
- 二年律令 418 布袍表～七丈
- 蓋盧 8 北方爲～

0844 襲

4

- 奏讞書 17 ～大夫虞傳
- 引書 10 更進退廿曰～前

0845 袤

15

筭數書 61
～十寸

二年律令 246
～二百卌步

筭數書 142
以其廣～乘之

0846 衹

1

奏讞書 216
入僕所詣鞞中～

0847 褎

1

奏讞書 167
媚衣～（袖）有敝

0848 襄

2

二年律令 455
涅～垣成安

0849 衾

2

二年律令 282
～五丈二尺

0850 雜

4

二年律令 179
吏～封之

二年律令 332
即～治爲

0851 裂

2

脈書 18
腨如～

0852 補

3

奏讞書 228
謁以～卒史

—

0853

卒

48

奏讞書67
守丞吉～史建舍治

二年律令312
公～士五

奏讞書132
將吏～轂反盜

奏讞書211
公～瘛等

奏讞書228
謁以補～史

二年律令488
吏～主者弗得

二年律令357
公～士五

奏讞書74
守丞吉～史建舍治

蓋廬35
～毋行次

0854

褱

12

二年律令357
簪～五十九

二年律令292
簪～比斗食

奏讞書80
舍人簪～餘

二年律令356
簪～六十三

奏讞書82
舍人小簪～遀

0855

⿱敝衣

2

奏讞書168
衣～（敝）衣

奏讞書169
臣操～（敝）席

裘部

0856 重

求

44

奏讞書77
吏莫追～

奏讞書61
獄史令賢～

奏讞書75
～盜甲告曰

奏讞書 76
～弗得

奏讞書 37
與～盗視追捕武

奏讞書 203
順等～弗得

奏讞書 205
舉闞～

二年律令 65
恐猲人以～錢財

二年律令 68
謀劫人～錢財

筭數書 162
～田四分步之二

二年律令 144
士吏～盗

二年律令 160
子若同居～自得之

老部

0857

老

13

二年律令 91
及～小不當刑

二年律令 342
及～年七十以上

二年律令 356
皆爲免～

二年律令 357
皆爲睆～

0858

孝

17

奏讞書 50
錯告不～

奏讞書 181
教人不～

奏讞書 181
次不～之律

奏讞書 186
不～棄市

奏讞書 186
不～之次

奏讞書 188
不～勢悍

二年律令 38 父母告子不～

奏讞書 189 不～棄市

毛部

0859 毛 60

奏讞書 116 ～獨牽牛來

奏讞書 100 ～買牛一

奏讞書 100 ～改曰

奏讞書 116 詰～

奏讞書 100 ～曰

尸部

0860 尸 1

二年律令 486 疇～茜御

0861 居 47

二年律令 201 同～不告

奏讞書 83 ～十餘日

二年律令 72 同～

二年律令 273 郵吏～界過書

二年律令 284 ～縣賜棺及官衣

二年律令 284 ～縣賜棺

引書 41
～其上

引書 103
起～

奏讞書 211
～處狀

二年律令 160
子若同～求自得之

奏讞書 136
名籍副并～一笥中

0862
尻
16

脈書 9
篡脾～少腹痛

引書 69
力引～

引書 51
兩手奉～

引書 71
左手據左～以偃

0863
尼
1

引書 100
虎雇以利項～

0864
屎
1

脈書 7
小者如馬～（矢）

尺部

0865
尺
90

奏讞書 172
二寸以上到～

奏讞書 202
～半荆券一枚

二年律令 256
二～牒疏

二年律令258
不盈二～二寸

引書8
曰～汙

筭數書150
今二千五十五～

尾部

0866 屬

19

二年律令486
～大祝

二年律令396
上獄～所二千石官

引書35
～意少腹

奏讞書90
～漢以比士

二年律令147
～所二千石官

二年律令219
各請～所二千石官

奏讞書74
～南郡守

0867 屈

5

引書18
～前厀

履部

0868 履

2

遣策14
膝～一兩

舟部

0869

船

船（小篆）

9

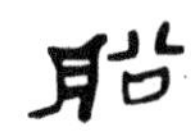
二年律令6
～人渡人而流殺人

二年律令6
～嗇夫吏主者贖耐

二年律令7
罰～嗇夫

二年律令6
～嗇夫吏贖署

二年律令6
～人贖耐

0870

服

服（小篆）

11

奏讞書177
署能治禮灋～

奏讞書186
及～其喪

引書37
毋事恒～之

方部

0871

方

方（小篆）

28

筭數書153
以圜材爲～材

筭數書141
其定～丈

蓋廬7
南～爲表

蓋廬8
北～爲裏

蓋廬9
天地爲～圜

二年律令314
宅之大～卅步

引書36
引之之～

兄部

0872

兄

7

二年律令 41
毆～姊

二年律令 195
復～弟

二年律令 195
復男弟～子

奏讞書 24
從～趙地

先部

0873 重

簪

12

二年律令 357
～裹五十九

二年律令 355
～裹七十二

二年律令 356
～裹六十三

先部

0874

先

35

奏讞書 49
～自告

奏讞書 132
弗～候視

奏讞書 153
～後以別

二年律令 122
～自告也

二年律令 144
能～覺智

二年律令 167
若～自告

脈書 9
左右血～出

脈書 51
則肉～死

禿部

0875
禿

1

脈書 2
疕爲～

見部

0876
見

21

奏讞書 36
～池亭西

脈書 40
則目䀮如無～

奏讞書 106
不～毛

二年律令 256
餘～芻稾數

引書 81
陽～十

引書 99
陽～以利目

引書 13
陽～者

二年律令 405
及～寇失不燧

奏讞書 40
～池亭西

奏讞書 108
以十月中～講

0877 視

55

奏讞書 42　以劍擊傷～

奏讞書 43　～捕武

奏讞書 44　～捕以劍傷武

二年律令 483　亶不～事盈三月

奏讞書 39　～曰

奏讞書 37　與求盜～追捕武

引書 14　竈～者

奏讞書 38　以劍擊傷～

脈書 51　面墨目圜～雕

0878 覺

4

二年律令 144　令丞尉弗～智

二年律令 404　弗～

二年律令 144　令丞尉能先～智

0879 親

9

二年律令 160　主～所智

蓋廬 50　暴而無～

二年律令 159　主～所智

欠部

0880 欲

62

奏讞書 83　～前就武

奏讞書 117　毛～言請

引書 6　次身所～

奏讞書 157　～縱勿論

奏讞書 220　恐猲～笞

二年律令 150　～相移者

二年律令 160
或～勿諧吏論者

二年律令 316
～爲户者許之

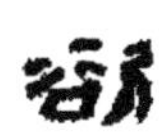
二年律令 320
～益買宅

二年律令 345
民～别爲户者

筭數書 126
今～道官往之

脈書 24
～獨閉户牖而處

奏讞書 147
～陛下幸詔廱

0881 歐 𣢬 1

二年律令 38
～〈毆〉詈父母

0882 次 𣢑 32

引書 6
～（恣）身所欲

筭數書 126
～一日

二年律令 279
各如其手～

奏讞書 185
妻～父母

二年律令 274
以～傳行之

奏讞書 187
不孝之～

奏讞書 186
妻之爲後～夫

0883 欺 𣢖 6

奏讞書 193
誰與～死夫罪重

奏讞書 193
～死夫毋論

奏讞書 192
～生夫

奏讞書 194　皆以～死父罪輕

奏讞書 194　罪輕於侵～生父

歙部

0884

歙

10

二年律令 63　通～食

引書 2　～水一棓

引書 6　～食飢飽

次部

0885

盜

145

二年律令 153　能捕群～命者

二年律令 146　群～

二年律令 19　節追外蠻夷～

奏讞書 75　從獄史武備～賊

奏讞書 85　備～賊

奏讞書 157　吏所興與群～遇

奏讞書 61　～書

奏讞書 176　今佐丁～一斗粟

奏讞書 219　人～紺刀

奏讞書71
~臧過六百六十錢

奏讞書75
求~甲告曰

二年律令1
諸侯人來攻~

二年律令63
智人爲群~

奏讞書176
~一錢到廿錢

蓋廬4
國無~賊

第九　頁部——易部

頁部

0886 頭

17

脈書19　~痛

脈書14　~身痛

脈書18　衡~

引書18　醫而要~

脈書2　病在~

0887 顏

10

顏　二年律令129　黥~頯罪贖耐

脈書25　~痛

二年律令135　黥婢~頯

0888 頌

1

奏讞書76　丙坐以~毄

0889 頯

7

二年律令30　黥~

二年律令129　黥顏~罪贖耐

二年律令135　黥婢顏~

0890 頸

2

引書95　力引~與耳

0891 領

2

脈書25　～〈頷〉疢乳痛

0892 項

9

脈書19　耳聾～痛

引書90　至～

引書100　虎雇以利～尼

0893 顧

4

奏讞書200　何故弗～

奏讞書200　不聞聲弗～

0894 順

14

奏讞書51　書～等自贖

奏讞書52　～等以其故不論

奏讞書197　獄史～

奏讞書203　～等求弗得

奏讞書225　～等求弗得

蓋盧4　此謂～天

蓋盧10　～者王逆者亡

蓋盧13　左水而軍命曰～行

0895 頗

10

二年律令208　～有其器具

奏讞書166　而肉～焦

奏讞書154　～不具別奏

0896 顫

3

引書90　左手指無～

面部

0897

面

11

脈書 4
在～疕爲包

引書 56
以癴～

引書 7
～欲寒身欲温

筭數書 154
方材之一～

首部

0898

首

27

奏讞書 136
益發新黔～往毄

奏讞書 140
駐主新黔～籍

奏讞書 143
黔～當坐者多

奏讞書 146
獨財新黔～罪

奏讞書 155
吏新黔～皆弗救援

奏讞書 156
以別黔～當捕者

二年律令 34
皆梟其～市

引書 99
鳧沃以利～輧

引書 99
以利踵～

県部

0899

縣

128

二年律令19
緣邊～道

奏讞書75
行～掾新鄭獄

二年律令347
～道官令長

引書41
以新纍～（懸）之

二年律令102
～道官守丞

二年律令18
詔所令～官爲挾之

奏讞書206
它～人來乘庸

奏讞書90
它當坐者～論

奏讞書23
它～論敢讞之

須部

0900

須

10

二年律令361
～其傳

奏讞書142
獄留～駐

奏讞書145
實～駐來別籍

奏讞書140
有～南郡復者

彡部

0901

弱

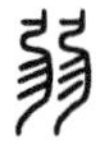

3

脈書5
不能～（溺）

文部

0902 文

2

奏獻書198
忠～

髟部

0903 髮

11

奏讞書172
隨～長二寸以上

奏讞書171
而～故能蜚入炙中

奏讞書172
～蜚入炙中

引書2
被～游堂下

引書4
被～步足堂下

奏讞書162
有～長三寸

0904重 髳

2

奏讞書92
～長蒼謀賊殺

0905 鬄

1

脈書2
養爲～

司部

0906

司

司

27

二年律令124
～寇

二年律令129
耐爲～寇

二年律令205
～空

二年律令305
出入相～

二年律令449
公車～馬

卮部

0907

卮

卮

1

遣策2
～一合

卩部

0908

令

令

203

二年律令103
皆～監臨庫官

奏讞書28
以～自占書名數

奏讞書61
獄史～賢求

二年律令335
留難先～

二年律令18
詔所～縣官爲挾之

引書49
～人踐亓要

奏讞書4
非曰勿～爲屯也

蓋廬51
緩～而急徵

奏讞書227
～曰

奏讞書 203
～獄史舉闕代

奏讞書 222
悉～黔首之田救螽

奏讞書 225
～吏勿智

奏讞書 82
～民羿

奏讞書 157
～所取荆新地

奏讞書 153
～脩誘召竄城中

筭數書 153
～七而一四

0909
厀

20

引書 101
前厥以利股～

引書 40
～善痛

引書 17
屈前～

引書 17
據～而卬

0910
卷

6

二年律令 456
～岐陽武

引書 36
亦～（倦）而休

引書 36
～（倦）而休

0911
卻

2

蓋廬 33
軍急以～

印部

0912

印

18

二年律令16
以它完封～印之

二年律令275
以某縣令若丞～封

二年律令501
以～章告關

二年律令501
以令若丞～封櫝槥

色部

0913

色

2

脈書40
面黯若灺～

卯部

0914

卿

6

二年律令255
～以下

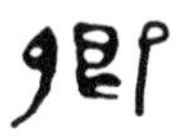

二年律令289
～以上予棺錢級千

二年律令236
～以上比千石

辟部

0915

辟

8

奏讞書60
～留

脈書9
爲腸～（澼）

二年律令276
～書

勹部

0916 旬

8

引書 48　~而已

二年律令 414　~五日

引書 42　~而已

二年律令 24　二~中死

0917 匈

4

奏讞書 200　登鳴~匈然

引書 102　以利~（胸）中

0918 冢

2

二年律令 66　盜發~

包部

0919 包

包

2

脈書 4　疕爲~（皰）

茍部

0920

敬

6

蓋盧 42
我～（警）皮台

二年律令 414
令市人不～者爲之

奏讞書 206
臣不～愿

鬼部

0921

鬼

24

二年律令 100
～薪白粲罪

二年律令 254
～薪白粲

二年律令 124
～薪白粲罪

二年律令 48
～薪白粲

二年律令 29
～薪白粲

二年律令 35
～薪白粲

奏讞書 158
耐爲～薪

由部

0922

畏

7

二年律令 143
以～耎論之

奏讞書 144
民心～惡

二年律令 143
～耎弗敢就

二年律令 266
～害

0923

禺

1

蓋盧 37
吾禺（遇）以希

厶部

0924

篡

5

脈書 11
在～

二年律令 107
～遂縱之

脈書 9
～脾

奏讞書 158
～遂縱囚

0925 重

誘

12

奏讞書 20
是闌來～及奸

奏讞書 20
非來～也

奏讞書 22
即從諸侯來～也

奏讞書 25
當以從諸侯來～論

奏讞書 153
～召宼城中

山部

0926

山

9

脈書 38
扁～（疝）

奏讞書 144
居～谷中

筭數書 126
負炭～中

奏讞書 139　匿～中

广部

0927 府　23

二年律令 157　作官～

二年律令 193　～（腐）以爲宮隸臣

二年律令 440　少～令

二年律令 4　官～

奏讞書 49　當免作少～

奏讞書 54　治官～

0928 廬　19

脈書 13　爲～（臚）張

蓋廬 11　蓋～曰

蓋廬 29　蓋～曰

0929 廄　6

二年律令 463　右～

二年律令 449　未央～

二年律令 449　大倉中～

0930 廣　46

奏讞書 88　賜爵爲～武君

奏讞書 89　～德里

二年律令 455　內～（黃）

0931 廁　2

引書 99　～（側）比以利耳

引書 81　～（側）比十

0932 廉

19

脈書 29
上骨下～

脈書 33
魚股之陰下～

脈書 46
下骨上～

0933 庳

2

二年律令 103
監臨～（卑）官

0934 庶

28

二年律令 314
駟車～長八十八宅

奏讞書 92
爵皆大～長

二年律令 29
毆～人

二年律令 153
免以爲～人

二年律令 312
～人

二年律令 314
大～長九十宅

0935 ⿸广隹

28

奏讞書 144
～視事掾獄

奏讞書 124
復攸～等獄簿

奏讞書 146
～挌掾獄

奏讞書 145
以自解于～

奏讞書 159
～毄

奏讞書 143
～別異

奏讞書 147
幸詔～以撫定之

奏讞書 134
唯謂～久矣

奏讞書 134
它如～

0936 ⿸广辛

3

二年律令 483
～勿以爲史卜

蓋盧 41
毋迎其～

厂部

0937 厥

1

引書101 前～以利股厀

危部

0938 危

16

引書64 有起～坐

蓋廬51 刑正～

引書84 引鼽～坐

引書68 ～坐

引書23 ～撟一臂

石部

0939 石

135

奏讞書70 二百六十三～八斗

奏讞書70 士五興義與～賣

奏讞書71 ～亡不訊

奏讞書89 秩六百～

二年律令213 郡守二千～官

二年律令219 二千～官

二年律令 232 二千～官

二年律令 297 衛秩百～

二年律令 292 大夫比三百～

筭數書 106 一～

筭數書 94 以～爲十

0940 磿

1

磿 二年律令 267 設井～

0941 磬

2

奏讞書 165 夫以桑炭之～

奏讞書 165 鐵盧甚～

0942 破

5

筭數書 75 錢所乘亦～如此

奏讞書 136 往毄～

長部

0943 長

101

奏讞書 18 徙處～安

奏讞書 56 采鐵～山

奏讞書 88 故右庶～

奏讞書 92 新鄭信髳～蒼

奏讞書 92 校～丙

奏讞書 92 爵皆大庶～

0944

跂

15

二年律令314 大庶~九十宅

奏讞書163 飯中有蔡~半寸

奏讞書168 ~半寸者六枚

奏讞書162 炙中有髮~三寸

二年律令2 無少~皆棄市

二年律令218 都官在~安

二年律令260 列~伍人弗告

二年律令314 駟車庶~八十八宅

奏讞書172 髮~二寸以上

二年律令378 皆先以~者

二年律令378 雖~先以同母者

二年律令449 ~子江州上邽

二年律令463 ~信永巷

二年律令463 ~秋謁者令

蓋盧8 治爲人~久

引書1 春産夏~秋收冬臧

奏讞書136 ~亡

奏讞書140 ~主新黔首籍

奏讞書136 ~并主籍

奏讞書142 ~主遝未來

奏讞書156 當遝~

奏讞書145 實須~來別籍

奏讞書 142
獄留須～

勿部

0945

勿

60

二年律令 303
賜酒者～予食

奏讞書 157
欲縱～論

二年律令 175
皆～收

二年律令 17
其事可行者～論

二年律令 64
除其罪～賞

奏讞書 66
～令以爵賞免

奏讞書 4
非曰～令爲屯也

二年律令 133
～聽而棄告者市

引書 100
秏而～發以利

二年律令 70
爲民者亦～坐

二年律令 172
皆除其罪～贖

奏讞書 225
令吏～智

而部

0946

而

484

奏讞書 20
來送南～取爲妻

奏讞書 92
捕蒼～縱之

奏讞書 42
聽視～後與吏辯

二年律令 6 船人渡人～流殺人

奏讞書 146 ～上書言獨財

奏讞書 19 ～取以爲妻

二年律令 12 有言也～謾

二年律令 36 各不同日～尚告

二年律令 75 吏智～出之

奏讞書 77 備盜賊～不反

二年律令 1 不堅守～棄去之

脈書 24 欲獨閉户牖～處

奏讞書 191 夫死～自嫁

二年律令 482 大卜～逋

二年律令 508 馬當復入～死亡

0947 重

耐

55

二年律令 28 鼻耳者～

二年律令 16 ～爲隸臣妾

二年律令 46 縣官事毆若詈吏～

二年律令 55 ～爲隸臣妾

奏讞書 53 有當贖～

奏讞書 158 上造以上～爲鬼薪

豕部

0948

貇

3

二年律令 245 ～（墾）食之

二年律令 243 縣道已～（墾）田

0949 𧲆

2

二年律令253
馬牛羊～彘

彑部

0950 彘

5

二年律令254
禁毋牧～

二年律令253
馬牛羊𧲆～

𧰼部

0951 重 豚

2

奏讞書61
受～

豚 二年律令287
賜米二石一～酒一石

豸部

0952 䝙

1

脈書52
户～（樞）不橐

0953

易

易部

7

奏讞書104

類擾~捕也

奏讞書115

毛所盜牛雅擾~捕

引書110

是以多病而~死

第十　馬部——心部

馬部

0954 馬

80

- 二年律令 8　殺～牛
- 二年律令 449　公車司～
- 二年律令 462　家～
- 奏讞書 215　走～僕
- 二年律令 77　粟米～牛
- 二年律令 6　其殺～牛及傷人
- 蓋廬 35　～牛未食
- 脈書 6　爲～蛕
- 脈書 7　小者如～戾
- 遣策 18　軺車一乘～一

0955 驀

1

- 奏讞書 83　扼劍～（罵）詈

0956 騎

10

- 二年律令 217　中從～
- 二年律令 446　～千人
- 二年律令 506　其買～

0957 駕 8

- 二年律令95 亦～（加）二等
- 二年律令95 ～（加）其罪二等

0958 駟 2

- 二年律令314 ～車庶長

0959 騺 2

- 奏讞書8 江陵丞～
- 奏讞書36 丞～敢讞之

0960 騷 1

- 脈書15 農出爲～（蚤）

0961 騰 7

- 奏讞書112 ～曰
- 奏讞書113 ～曰
- 奏讞書123 ～書雍

廌部

0962 灋 32

- 奏讞書52 行賕狂～也
- 奏讞書94 與賊同～
- 奏讞書146 論之有～

0963 重 法 101

- 筭數書6 母乘母爲～
- 筭數書62 以一尺寸數爲～
- 筭數書134 餘爲～以不足爲實

筭數書 185
與父母同～

鹿部

0964

麋

麋

1

脈書 15
～（眉）突

犬部

0965

犬

犬

7

奏讞書 58
大夫～乘私馬一匹

奏讞書 59
～與武共爲僞書也

筭數書 34
～謂貍＝謂狐

筭數書 37
～出四【錢七十二】

0966

猲

猲

2

二年律令 65
恐～人以求錢財

猷　奏讞書 220
恐～欲箵

0967 狀

9

奏讞書 108
毛與講盜牛～何如

脈書 8
如膚張～

奏讞書 211
出入居處～

奏讞書 17
胡～丞憙敢讞之

奏讞書 42
與吏辯是不當～

0968 獨

24

奏讞書 105
～捕牛

二年律令 105
～斷治論

脈書 24
欲～閉户牖而處

奏讞書 195
～完爲舂

奏讞書 116
毛～牽牛來

奏讞書 217
～青有錢

奏讞書 105
毛～捕

奏讞書 150
言～財新黔首罪

奏讞書 146
上書言～財

0969 獻

2

二年律令 306
～酒

0970 狂

2

奏讞書 52
行賕～（枉）灋也

0971 類

17

奏讞書 25
闌與清同～

奏讞書 217
～刀故鞞也

奏讞書 198
或道後～塹軵

奏讞書 77　其從迹～或殺之

奏讞書 205　～繒中券

0972 狄

2

脈書 24　～（惕）然驚

0973 猶

4

猷　奏讞書 163　問史～治獄非是

奏讞書 163　史～曰

奏讞書 163　史～（猷）治

犾部

0974 獄

52

奏讞書 77　～告

二年律令 215　毋治～

奏讞書 116　它如【故】～

奏讞書 75　掾新鄭～

二年律令 110　～未鞫而更言請

二年律令 115　～已決盈一歲

奏讞書 92　謀賊殺～史武

奏讞書 17　臨菑～史闌

奏讞書 142　～留須駐

能部

0975 能

46

- 奏讞書 118 不～攴疾痛
- 奏讞書 144 恐弗～盡偕捕
- 奏讞書 177 署～治禮
- 二年律令 61 ～捕若斬一人
- 二年律令 63 其～自捕若斬之
- 二年律令 64 弗～捕斬而告吏
- 二年律令 142 得不～半得者獨除
- 引書 40 若兩足步不～鈞
- 引書 103 不～與寒暑相應

熊部

0976 熊

3

- 引書 50 ～經十
- 引書 101 ～經以利腜背

火部

0977 火

13

- 二年律令 4 其失～延燔之
- 二年律令 306 救水～追盜賊
- 蓋廬 9 水火爲陰陽
- 蓋廬 25 營或～也
- 蓋廬 25 四月～强
- 蓋廬 26 ～死陰也

0978 然

9

脈書 5
爲～=疢=

脈書 12
其疕就就～

脈書 24
心惕～

脈書 24
聞木音則狄～驚

奏讞書 171
～且與子復診之

奏讞書 200
謦鳴匈匈～

奏讞書 213
明有～

0979 燔

10

二年律令 5
責所～

二年律令 20
亟盡孰～其餘

二年律令 20
亦～之

二年律令 20
當～弗燔

二年律令 20
當燔弗～

0980 炭

11

奏讞書 165
桑～甚美

奏讞書 165
以桑～之䰞鋏

筭數書 127
日得～四斗

筭數書 127
問日到～幾何

0981 灰

1

二年律令 249
燔草爲～

0982 炊

15

奏讞書 168
以爲夫人～

引書 35
精～（吹）之

二年律令 267
郪爲～

引書 105
偃臥～（吹）呴

引書 104
～（吹）呴虖吸

0983 煎

1

遣策 29
便～一

0984 尉

46

二年律令 201
～尉史鄉部

二年律令 140
～分將

二年律令 458
郲～氏潁陽

二年律令 284
丞～死官

奏讞書 189
非廷～當

奏讞書 121
廷～兼謂汧嗇夫

奏讞書 1
告爲都～屯

奏讞書 184
廷～毄

奏讞書 2
～窯遣毋憂爲屯

奏讞書 190
廷～毄等曰當棄市

奏讞書 192
廷～毄等曰

奏讞書 190
廷～毄等曰不當論

奏讞書 26
行廷～事

編號	字頭	小篆	字數	字形	辭例
0985	焞		1		脈書 29 耳煇＝～＝
0986	煇		1		脈書 29 耳～＝焞＝
0987	光		4		二年律令 466 未央～〈永〉巷
					二年律令 466 長信～〈永〉巷
0988	熱		3		脈書 15 身寒～
0989	煖		2		脈書 57 從～而去清
0990	燥		2		引書 112 與～濕寒暑相應

炎部

編號	字頭	小篆	字數	字形	辭例
0991	炎		3		引書 64 復～（倓）臥如前
					引書 64 有復～（倓）臥如前

黑部

0992 黑

6

奏讞書 102　毛牽～牝牛來

奏讞書 104　其一～牝

奏讞書 213　衣故有帶～帶

0993 點

10

奏讞書 8　買婢媚士五～所

奏讞書 9　故～婢楚時去亡

奏讞書 11　媚故～婢楚時亡

奏讞書 11　詰媚媚故～婢

奏讞書 13　～乃以爲漢

奏讞書 14　～得

0994 黔

22

奏讞書 222　悉令～首之田救螽

奏讞書 143　～首當坐者多

奏讞書 214　即讂問～首

奏讞書 140　跍主新～首籍

奏讞書 142　新～首

奏讞書 136　發新～首往毄

奏讞書 141　新～首

奏讞書 155　新～首

奏讞書 133　財新～首罪

0995 黥

63

奏讞書 15　～媚顔頯

奏讞書 25　匿～舂罪

奏讞書 27　當～爲城旦

二年律令 126
～爲城旦舂

二年律令 30
～顈界主

奏讞書 158
～爲城旦

奏讞書 32
問解故～劓

二年律令 111
死罪～爲城旦舂

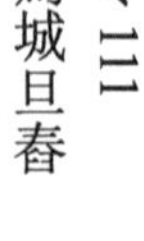
奏讞書 106
～講爲城旦

焱部

0996
熒
𤇾
2

奏讞書 88
以堅守～（滎）陽

炙部

0997
炙
𤊷
12

奏讞書 162
大夫說進～君

奏讞書 162
～中有髮長三寸

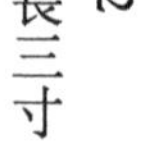
奏讞書 164
～膊大不過寸

奏讞書 165
臣有診～肉具

奏讞書 172
君復置～前

奏讞書 172
髮蜇入～中

赤部

0998

赤

赤

5

脈書 12
～淫爲廕

二年律令 197
金不青～者

0999

赧

赧

1

脈書 2
在目際靡爲～

大部

1000

大

大

97

奏讞書 2
變夷～男子

奏讞書 26
～（太）僕不害

奏讞書 206
貴～人臣

二年律令 246
除千佰之～草

奏讞書 164
灸膞～不過寸

二年律令 142
～痍臂臑股胻

奏讞書 92
爵皆～庶長

奏讞 36
～奴武亡

奏讞書 119
其兩股癥～如指

二年律令 246
九月～除道

奏讞書 181
～父母

脈書 7
～者如梧

1001

夾

夾

8

引書 51
兩手之指～臏

脈書 39
～（挾）舌本

二年律令 523
請爲～谿河置關

1002 夸

7

引書53
恒坐～（跨）股

引書84
～（跨）足

引書67
～（跨）足

1003 夷

9

奏讞書1
～道汾丞嘉

奏讞書2
變～大男子

奏讞書3
變～律

奏讞書4
變～男子

二年律令19
節追外蠻～盜

二年律令456
～陵

二年律令457
～道

蓋廬4
變～賓服

亦部

1004 亦

38

筭數書159
啟從～如此

二年律令70
爲民者～勿坐

奏讞書195
不～重虜

二年律令176
～除其夫罪

奏讞書37
視～以劍傷武

二年律令7
舳艫～負二

二年律令123
～以其罪論命之

二年律令20
～燔之

奏讞書46
視～以劍刺傷捕武

二年律令347 ～輒遣都吏案效之

筭數書74 ～皆破其上

二年律令47 ～得毋用此律

矢部

1005 奊 3

二年律令41 其～詢詈之贖黥

二年律令42 其～詢詈之

1006 吳 3

筭數書96 租～（誤）券

遣策16 ～（虞）人男女七人

夭部

1007 𡴘 6

奏讞書144 ～南郡來復治

二年律令312 不～死者

奏讞書147 欲陛下～詔

二年律令377 不～死者已葬廿日

1008 奔 1

二年律令399 當～命而逋不行

交部

1009

交

6

引書 49

~手頸下

引書 99

閉息以利~筋

引書 8

舉胻~股

引書 8

曰~股

壹部

1010

壹

25

二年律令 217

二歲~歸

引書 56

壹左~右而休

引書 96

~上下

幸部

1011

報

16

二年律令 93

診~辟故弗窮審

奏讞書 53

廷~有當贖耐

奏讞書 59

廷~

二年律令 205

當刑未~

奏讞書 60

廷~

奏讞書 7

廷~當要斬

奏讞書 55
廷～敢爲僞書也

夲部

1012
奏

11

奏讞書 68
上～七牒

奏讞書 228
爲～廿二牒

奏讞書 149
人臣當謹～灋以治

引書 99
周脈循～（腠）理

引書 103
～（腠）理啟闔

二年律令 332
完封～（湊）令

奏讞書 176
論完丁爲倡～魯君

奏讞書 154
頗不具別～

大部

1013
耎

4

筭數書 96
欲益～其步數

二年律令 143
畏～弗敢就

二年律令 143
以畏～論之

夫部

1014

夫

127

奏讞書 194
侵生～罪

奏讞書 193
欺死～毋論

脈書 64
～脈固有勤者

奏讞書 121
廷尉兼謂汧嗇～

奏讞書 183
女子甲～公士丁

脈書 53
～乘車食肉者

奏讞書 26
胡嗇～

奏讞書 177
～灋者君子之節也

奏讞書 168
以爲～人炊

二年律令 6
船嗇～

二年律令 322
田嗇～

二年律令 5
官嗇～

二年律令 6
船嗇～

立部

1015

立

9

蓋廬 9
～爲四時

蓋廬 50
自～爲王者攻之

引書 84
去～夸足

1016
端

19

引書 82
端~

奏讞書 228
守吏也平~

奏讞書 171
君備視席~

引書 48
指~湍=

竝部

1017
竝

1

蓋廬 19
日月~食可以戰

心部

1018
心

28

脈書 20
~與脅痛

脈書 25
~與胠痛

奏讞書 178
盜者小人之~也

奏讞書 178
今丁有宵人~

奏讞書 144
民~畏惡

脈書 24
~愓然

奏讞書 43
視捕武~恚

引書 100
撫~舉頤

蓋廬 33
衆有臞~者攻之

1019 息 14

- 引書67 引~痛
- 引書84 無~以力引之
- 脈書40 ~如縣
- 二年律令265 有~户勿減
- 引書32 力拘毋~
- 引書36 鄉壁毋~
- 引書99 閉~以利交筋

1020 志 7

- 蓋盧37 皮有樂~
- 蓋盧30 其中有壇~
- 二年律令216 禾稼~者

1021 意 6

- 引書35 屬~少腹
- 蓋盧37 皮有勝~
- 引書35 屬~少腹

1022 悳 1

- 奏讞書206 貴大人臣不敬~

1023 應 5

- 癰 奏讞書213 瞻視~對寂奇
- 引書112 與燥濕寒暑相~
- 奏讞書83 其~對有不善

1024 恢 10

- 奏讞書71 鞫~吏
- 奏讞書71 興義言皆如~
- 奏讞書73 以此當~

1025 急

13

- 奏讞書 29　解以爲毋~人也
- 奏讞書 71　~盜臧
- 奏讞書 211　貧~窮困
- 奏讞書 220　貧~毋作業
- 二年律令 232　有尤~言變事
- 二年律令 265　令郵人行制書~書
- 蓋廬 51　緩令而~徵
- 引書 108　喜則~呴
- 奏讞書 220　即~訊磔

1026 恀

1

- 脈書 39　~=如亂

1027 悍

5

- 奏讞書 187　勢~完之
- 二年律令 44　其~主而謁殺之
- 奏讞書 188　勢~之律
- 奏讞書 181　勢~

1028 忘

2

- 奏讞書 134　~弗識
- 奏讞書 217　前~即曰弗予

1029 恚

Seal form; count: 1

奏讞書 43
視捕武心～

1030 怒

Seal form; count: 7

引書 107
喜～之不和

奏讞書 83
信～扼劍驀詈

奏讞書 163
君及夫人皆～

奏讞書 145
恐其～

1031 惡

Seal form; count: 5

奏讞書 144
民心畏～

二年律令 240
上郡地～頃入二石

1032 悲

Seal form; count: 2

奏讞書 187
而甲夫死不～哀

1033 恐

Seal form; count: 23

奏讞書 117
～不如前言

蓋廬 33
軍少以～

奏讞書 143
皆榣～吏罪之

奏讞書 144
～弗能盡偕捕

奏讞書 220
～欲笞

二年律令 65
～猲人

奏讞書 45
視～弗勝

1035 慤	1034 惕

1	1
 奏讞書 228 謙絜敦～〈愨〉	 脈書 24 心～然

水部

1036
水

39

蓋廬9
～火爲陰陽

引書33
清産以塞～

二年律令249
及進隄～泉

蓋廬25
相星～也

引書109
自入～中

二年律令267
皆給～漿

脈書52
夫留～不腐

二年律令306
救～火追盜賊

蓋廬25
冬～强

1037
河

10

二年律令455
～陽

奏讞書60
～東守讞

二年律令523
諸漕上下～中者

奏讞書61
～東守讞

二年律令523
請爲夾谿～置關

1038
江

7

二年律令264
南郡～水以南

奏讞書36
～陵餘丞鶩敢讞之

奏讞書8
～陵丞鶩敢讞之

二年律令 449
～州

二年律令 449
～陵

1039 温

5

脈書 15
爲～

脈書 22
爲十二病及～

1040 沮

1

二年律令 456
臨～

1041 涂

1

奏讞書 166
～灩甚謹

1042 漢

14

奏讞書 38
楚時去亡降～

奏讞書 12
雖楚時去亡降爲～

奏讞書 13
楚時亡點乃以爲～

奏讞書 9
楚時去亡降爲～

1043 汧

2

奏讞書 121
故樂人居～酤中

1044 汾

2

二年律令 447
臨～

1045 潞

2

- 脈書 12　其疕就=然爲~

1046 蕩

1

- 二年律令 455　~陰

1047 深

6

- 筭數書 151　以~乘之
- 筭數書 151　~丈五尺
- 脈書 62　農多而~者

1048 淮

2

- 奏讞書 77　~陽守偃刻曰
- 奏讞書 75　~陽守

1049 泄

3

- 脈書 8　左右不化~
- 脈書 9　食即出爲~

1050 沂

1

- 二年律令 448　~陽

1051 治

80

- 奏讞書 163　史猷~
- 奏讞書 115　~（笞）毛北
- 二年律令 215　内史以下毋~獄
- 奏讞書 138　且來復~
- 奏讞書 67　卒史建舍~
- 奏讞書 144　幸南郡來復~

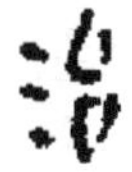
奏讞書 74
卒史建舍～

二年律令 117
丞相所覆～移廷

奏讞書 97
獄史丙～（笞）

二年律令 332
節有當～爲者

二年律令 332
即襍～爲

蓋廬 8
～爲人長久

1052
寖

2

潯　脈書 2
在目泣出爲～

引書 48
指端～=善畀

1053
濡

1

脈書 54
血者～毆

1054
浮

1

脈書 55
肉痛如～

1055
清

9

奏讞書 23
人婢～

奏讞書 24
闌與～同類

脈書 57
從煖而去～

引書 2
逆露之～受天之精

蓋廬 12
左陵而軍命曰～施

1056
淫

2

脈書 12
疕赤～爲膫

1057 淺　2

脈書 61
農少而～者

1058 洫　1

脈書 53
脈盈而～之

1059 瀆　1

脈書 54
脈者～毆

1060 決　6

引書 19
大～者兩手據地

二年律令 178
獄未～

二年律令 115
獄已～盈一歲

1061 渶　6

沃
引書 64
鳧～卌

引書 81
鳧～十

引書 15
鳧～者

1062 津　22

二年律令 496
出入塞之～關

二年律令 509
致告～關

二年律令 225
傳送出～關

1063 渡　1

二年律令 6
船人～人而流殺人

1064 没　5

二年律令 319
～入田宅

二年律令 97
～入

二年律令 260
～入其所販賣

（没，續）

二年律令258 ~入之

1065 漬

1

引書97 ~以寒水

1066 浞

1

脈書54 血痛如~

1067 渴

5

脈書15 身寒熱~四節痛

脈書46 嗌~欲飲

引書109 勞卷飢~

1068 汙

2

引書8 曰尺~

奏讞書114 血下~池

1069 ⿰爿水

2

二年律令267 皆給水~

1070 汁

1

脈書12 其癰有空~出

1071 洒

1

引書2 澡墋~齒

1072
淬

3

奏讞書167
其莞～（碎）

奏讞書167
～（碎）莞席

奏讞書168
臥席～（碎）者麗衣

1073
沐

6

引書4
夏日數～希浴

引書6
秋日數浴～

引書7
冬日數浴～

1074
浴

4

引書4
夏日數沐希～

引書6
秋日數～沐

引書7
冬日數～沐

1075
澡

2

引書4
用水～漱

1076
汲

1

二年律令455
河陽～蕩陰

1077
泰

10

筭數書89
六斗～（大）半斗

二年律令35
毆詈～父母

脈書33
～陰之脈

1078
汗

5

脈書14
～不出

脈書51
～出如絲

引書32
～出走理

引書109
白～夬絶

1079 泣

1

- 脈書 2　～出爲澫

1080 ⿰氵讞

24

- 二年律令 102　～（讞）獄
- 奏讞書 26　～（讞）固有審
- 奏讞書 28　胡丞憙敢～（讞）之
- 奏讞書 35　不當～（讞）
- 奏讞書 26　胡嗇夫～（讞）
- 奏讞書 61　河東守～（讞）
- 奏讞書 58　蜀守～（讞）

1081 滅

20

- 奏讞書 72　毋得以爵～免贖
- 奏讞書 73　毋得以爵～免贖
- 二年律令 14　增～券書
- 筭數書 84　～田十一步
- 二年律令 265　有息户勿～
- 二年律令 132　自告者皆不得～

1082 池

15

- 奏讞書 36　校長～曰
- 奏讞書 36　軍告～曰
- 奏讞書 40　即告～所
- 奏讞書 37　～以告
- 奏讞書 39　它如～
- 奏讞書 40　見～亭西

奏讞書 114
血下汗～

奏讞書 36
見～亭西

1083 洵

1

引書 2
洒齒～（呴）

1084 涅

2

二年律令 455
銅鞮～襄垣

二年律令 452
徒～

1085 瀝

1

奏讞書 166
涂～甚謹

1086 瀘

1

奏讞書 183
杜～女子甲

沝部

1087 沝

1

沝　奏讞書 54
主徒令史～

1088 重 流

8

二年律令 8
～殺傷人

二年律令 6
船人渡人而～殺人

引書 37
頭氣下～

脈書55
脈痛如～

川部

1089
州

4

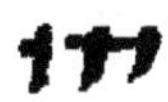

二年律令449
江～

蓋廬9
九～爲糧

泉部

1090
泉

3

二年律令448
雲陽重～華陰

二年律令249
及進隄水～

灥部

1091重
原

3

二年律令448
～陽北與

二年律令452
陽周～都平都

二年律令447
臨汾九～咸陽

永部

1092

永

1

二年律令463
長信～巷

𠂢部

1093 重

脈

54

脈書19
是鉅陽之～主治

脈書57
則視有過之～

脈書47
是臂少陰之～主治

脈書50
死～毀

脈書29
耳～

引書99
堂落以恒～

引書99
周～循奏理

谷部

1094

谷

5

奏讞書144
山～中

二年律令245
盜傰巷術～巷

仌部

1095 谿 谿 2

二年律令 523
請爲夾～河置關

二年律令 523
與夾～關相直

1096 冬 𠔇 19

蓋廬 25
～水强可以攻火

蓋廬 55
～丙丁

蓋廬 26
火死陰也～可

二年律令 422
以～十一月稟之

引書 1
春産夏長秋收～臧

1097 汵 1

奏讞書 1
夷道～丞嘉

雨部

1098 雨 雨 4

奏讞書 82
五月中天旱不～

引書 103
風寒～露

蓋廬 33
甚～甚風

1099 露 露 2

露 引書 2
逆～之清

魚部

1100 魚

6

脈書 21

～股痛

脈書 33

下出～股之陰

二年律令 249

毋毒～

龍部

1101 龍

1

引書 17

～（龍）興者

非部

1102 非

37

二年律令 27

其～用此物而盯人

二年律令 32

～以兵刃也

二年律令 61

～吏所興

二年律令 154

若有告劾～亡也

二年律令 269

～乏事也

奏讞書 19

闌～當得取

奏讞書 43

自以～軍亡奴

奏讞書 44

武～罪人也

奏讞書 90

～諸侯子

1103

靡

4

奏讞書163

史猷治獄～是

脈書2

在目際～（糜）

引書11

以足～（摩）胻

第十二　乞部——系部

乞部

1104
孔
17

奏讞書212
其一人公士～

奏讞書214
～曰爲走士

奏讞書214
舉闞疑～盜傷婢

奏讞書215
公士～以此鞞予僕

奏讞書220
～毋解

奏讞書216
～曰未嘗予僕鞞

奏讞書218
詰訊女～

奏讞書219
詰～

1105
乳
3

脈書25
～痛膂痛

不部

1106
不
425

奏讞書76
～智在所

奏讞書77
武出備盜賊而～反

奏讞書189
～孝棄市

二年律令38
父母告子～孝

二年律令216
～名取卒

二年律令481
史人～足

奏讞書158
儋乏～鬭

奏讞書26
大僕～害行廷尉事

奏讞書12
～書名數

脈書9
左右～化

奏讞書7
或曰～當論

奏讞書9
～書名數

奏讞書218
～智存所

二年律令11
～害罰金四兩

奏讞書3
～曰勿令爲屯

蓋廬50
貪而～仁者

奏讞書146
～以瀆論之

奏讞書147
～敢擇縱罪人

二年律令56
～盈廿二錢到一錢

奏讞書177
～已重虜

奏讞書136
駐亡～得

奏讞書141
前後～同

引書109
～智收衣

奏讞書116
毛笱～與講盜牛

至部

1107 至

24

奏讞書 75
～今不來

奏讞書 86
～令蒼賊殺武

二年律令 273
過半日～盈一日

引書 51
頭手皆下～踵

引書 56
以下盾之～股

引書 90
～項

二年律令 485
五百石以下～有秩

蓋盧 7
福之所～

蓋盧 35
必以其始～

二年律令 284
千石～六百石吏

二年律令 284
～丞尉

二年律令 299
千石吏～六百石

1108 到

40

奏讞書 2
行未～去亡

奏讞書 2
遣毋憂爲屯行未～

奏讞書 110
道肩下～要

奏讞書 118
道肩下～要

奏讞書 172
二寸以上～尺

奏讞書 176
盜一錢～廿錢

奏讞書 198
～巷中

奏讞書 223
即從～巷中

二年律令 55
二百廿～百一十錢

引書 2
入宮從昏～夜

二年律令 251
諸馬牛～所

筭數書 127
七日亦負～官

二年律令 56
百一十～廿二錢

西部

1109

西

15

二年律令 449
陽翟～成江陵

二年律令 458
長安～市

蓋廬 7
～方爲右

奏讞書 37
見池亭～

二年律令 266
隴～

奏讞書 40
見池亭～

鹽部

1110

鹽

12

二年律令 233
～及從者

奏讞書 181
輸巴縣～

二年律令 293
～廿分升一

二年律令 436
諸私爲鹵～

戶部

1111

戶

戶

50

二年律令 255
五月～出賦十六錢

二年律令 255
十月～出芻一石

二年律令 265
有息～勿減

二年律令 322
代～貿賣田宅

二年律令 329
吏主及案～者弗得

二年律令 379
死毋子男代～

脈書 24
欲獨閉～牖而處

脈書 52
～貙不橐

1112

扇

扇

3

奏讞書 171
令人～

奏讞書 172
令人道後～

門部

1113

門

門

16

奏讞書 101
守枅邑南～

奏讞書 104
南～外有縱牛

二年律令 52
搴～

二年律令 52
城～之蘥

二年律令 266
令～亭卒捕盜行之

二年律令 306
伏閉～

1114 闔 (2)
- 引書103 奏理啟～

1115 開 (2)
- 二年律令305 以時～

1116 閒 (8)
- 二年律令150 來誘及爲～者磔
- 脈書16 反折爲～（癇）
- 脈書29 出臂外廉兩骨之～
- 引書101 禹步以利股～
- 引書78 其在兩肩之～痛
- 引書104 自免其～（間）
- 引書4 有～而歓水一棓

1117 闌 (29)
- 脈書50 腐臧～（爛）腸
- 奏讞書18 以～出關
- 奏讞書18 ～送行
- 奏讞書20 是～來誘及奸
- 奏讞書20 ～匿之也
- 奏讞書20 ～曰
- 二年律令523 ～出入越之
- 奏讞書17 臨菑獄史～

耳部

1118 閉

9

二年律令 308 令以時開～門

脈書 35 水與～同則死

二年律令 306 伏～門

引書 99 ～息以利交

脈書 24 欲獨～户牖而處

1119 關

85

奏讞書 18 以闌出～

二年律令 359 ～内侯子

二年律令 310 ～内侯

二年律令 509 致告津～

奏讞書 19 未出～得

1120 閱

6

二年律令 505 津關謹～出入

二年律令 509 津關案～

二年律令 498 ～津關謹

1121 闟

11

奏讞書 203 令獄史舉～代

奏讞書 203 舉～以婢債

奏讞書 205 舉～求

奏讞書 210 舉～求偏悉

奏讞書 214 舉～疑孔盜傷婢

奏讞書 227 獄史舉～

1122 耳

25

二年律令 27
斷陜鼻～者

二年律令 82
內公～玄孫有罪

二年律令 379
毋孫令～孫

二年律令 379
毋～孫令大父母

脈書 6
塞人鼻～目

脈書 20
出～前

脈書 27
起于～後

引書 95
力引頸與～

引書 99
廁比以利～

1123 聖

2

脈書 56
～人之所貴毆

脈書 57
故～人寒頭而煖足

1124 聽

20

奏讞書 191
不～死父教毋罪

二年律令 114
刑乃～之

二年律令 115
勿～

二年律令 133
勿～而棄告者市

二年律令 216
非所～勿敢聽

二年律令 216
非所聽勿敢～

奏讞書 191
不～死父教

奏讞書 42
武宜～視

奏讞書 190
有子不～生父教

1125 聲

1

奏讞書 200
不聞～

1126
聞
19

奏讞書 26 廷以～

奏讞書 68 上奏七牒謁以～

奏讞書 72 雇爲攸令失～

脈書 56 且～哭音

二年律令 522 丞相御史以～

奏讞書 147 上書以～

𦣝部

1127 重
頤
10

脈書 4 在～下

引書 86 兩手奉其～

引書 83 上舉～

手部

1128
手
117

引書 13 反昔～北而印

引書 16 前一足昔～

引書 13 反昔～北而前偝

二年律令 278 衛取上～

二年律令 279 各如其～次

引書 14 反昔～北而前偝

1129
指
43

引書 95 撟母～端

引書 8 信胻詘～丗

引書 10 纍足～

奏讞書 110 大如～者十三所

奏讞書 114 即誣～講

二年律令 27 折枳齒～

1130 擘 1

引書 102 反～以利足蹢

1131 捽 11

二年律令 61 ～爵一級

二年律令 150 ～爵一級

二年律令 150 不當～爵者

二年律令 392 未～

1132 捾 6

引書 68 手操左～（腕）

引書 88 左手杷右～（腕）

引書 79 杷～（腕）

1133 操 8

奏讞書 139 ～其叚兵匿山中

奏讞書 221 詳爲券～視可盜

奏讞書 200 ～簦

奏讞書 198 ～簦

1134 據 28

引書 101 復據以利要

引書 19 兩手～地

引書 46 右以左手～權

（續）	1135	1136	1137 重	1138	1139	1140	1141
	挾	把	扼	擘	掾	擇	招

	3	7	1	2	4	3	1
 引書17 ~郄而卬	 二年律令18 ~毒矢	 引書36 右手~丈	 奏讞書83 信怒~劍驀詈	  引書90 右手指~內脈	 奏讞書75 ~新鄭獄	 奏讞書147-148 不敢~（釋）縱罪人	 引書27 佛而左右~兩臂
 引書84 以佛~地	 二年律令18 詔所令縣官爲~之	 引書53 右手~飯			 奏讞書144 雇視事~獄		
	 二年律令305 田典更~里門籥	 引書88 左手~右揗					

1142

撫

3

奏讞書147
幸詔痽以～定之

1143

投

2

二年律令118
以～書者言

二年律令65
～書

1144

据

1

奏讞書83
武～（倨）不趨

1145

搖

1

引書10
上～之

1146

舉

33

奏讞書203
令獄史～闞代

奏讞書203
～闞以婢僨

奏讞書205
～闞求

奏讞書209
～闞求偏悉

奏讞書216
～闞

引書8
～胻交股

引書48
～之不鈞

引書49
力～尻

引書56
反而～之

1147

撟

17

二年律令11
～（矯）制

引書15
～而後揮

引書21
～左手

1148 擅 （10）

二年律令 113 毋告劾而～覆治之

二年律令 216 勿敢～予

二年律令 272 ～以郵行

二年律令 410 敢～壞更官府寺舍

1149 失 （16）

奏讞書 143 雁爲攸令～聞

二年律令 396 過～戲而殺人

二年律令 269 諸有期會而～期

二年律令 95 其非故也而～

二年律令 107 若論而～之

奏讞書 120 論～之

1150 援 （3）

奏讞書 154 吏卒不救～

奏讞書 155 吏新黔首皆弗救～

1151 探 （1）

棎　引書 14 ～肩

1152 揮 （11）

引書 15 反昔手北而～頭

引書 26 左右上下～之

引書 45 而力～左足

1153 擊 （32）

蓋廬 35 凡～適人

奏讞書 43 誠以劍～傷視

奏讞書 42 以劍～傷視

奏讞書 38
以劍～傷視

1154

捕

99

奏讞書 195
～者弗案校上

奏讞書 144
恐弗能盡偕～

脈書 40
恐人將～之

奏讞書 145
以偕～之

二年律令 205
吏～得之

奏讞書 188
～者雖弗案校上

二年律令 68
當坐者偏～

二年律令 139
吏～得之

奏讞書 43
視～武

奏讞書 40
刺傷武而～之

奏讞書 41
視以告～武

二年律令 61
能～若斬一人

奏讞書 37
與求盜視追～武

1155

挐

10

筭數書 79
～脂

筭數書 79
爲～

筭數書 82
其以～

1156

挌

2

奏讞書 146
雇～掾獄

1157 打

4

二年律令 492　其令～關

二年律令 506　私買馬以出～關

1158 [illegible]

4

[illegible] 引書 56　以～（摩）面

引書 68　因下手～（摩）面

1159 搴

1

二年律令 52　～（塞）門

女部

1160 女

38

奏讞書 17　～子南

奏讞書 28　大夫莾詣～子符

奏讞書 180　毋妻以子～爲後

奏讞書 183　杜濾～子甲

奏讞書 218　妻～曰

奏讞書 203　～子嗆

二年律令 223　諸侯王～

二年律令 369　毋子男以～

二年律令 370　毋男同産以～同産

二年律令 88　～子當磔

二年律令 158　～子已坐亡贖耐

二年律令 412　～子

奏讞書 218 詰訊～孔

二年律令 358 ～十二歲

奏讞書 222 孔見一～子

1161

姬

1

二年律令 221 諸侯王得置～八子

1162

嫁

7

奏讞書 29 明～符隱官解妻

奏讞書 191 夫生而自～

奏讞書 192 夫死而自～

奏讞書 192 夫生而自～

奏讞書 192 夫死而妻自～

1163

妻

87

奏讞書 218 孔～女曰

二年律令 38 其～子爲收者

二年律令 68 其～子當坐者

奏讞書 20 來送南而取爲～

二年律令 68 罪其～子

奏讞書 35 取亡人爲～

奏讞書 18 取爲～

奏讞書 19 非當得取南爲～也

奏讞書 19 而取以爲～

奏讞書 116 其～租言如講

奏讞書 180 毋～以子女爲後

奏讞書 180 而父母若～死

妻	妻	1164 婦	1165 母	母	1166 威	1167 姊	1168 婢
		6	126		2	3	65
奏讞書 192 夫死而～自嫁	奏讞書 29 明嫁符隱官解～	二年律令 133 ～告威公	引書 95 撟～（拇）指端	二年律令 38 牧殺父～	二年律令 133 婦告～公	二年律令 41 毆兄～	奏讞書 9 故黠～
奏讞書 193 ～居家	二年律令 133 主父母～子	二年律令 40 ～賊傷	奏讞書 183 與丁～素夜喪	奏讞書 61 毄～媼亭中	奏讞書 89 ～昌君	二年律令 115 父母兄～弟	奏讞書 10 自當不當復受～
二年律令 2 父母～子同產	二年律令 192 與人～和奸	脈書 37 ～人則少腹種	二年律令 2 父～妻子同產	蓋廬 6 天爲父地爲～		二年律令 456 ～（秭）歸	奏讞書 11 媚故黠～

（續上）

奏讞書 203　舉闕以～債

奏讞書 198　～債有頃乃起

奏讞書 200　訊～

奏讞書 162　夫人養～媚

1169 奴

48

二年律令 30　～婢毆庶人以上

二年律令 39　子及～婢

奏讞書 40　以武當復爲軍～

奏讞書 44　軍告武亡～

二年律令 133　～婢告主

二年律令 163　以～婢律論之

二年律令 107　守將～婢而亡之

奏讞書 40　武故軍～

奏讞書 36　大～武亡

1170 始

9

蓋廬 6　轉橦更病腸之～也

引書 35　病腸之～也

筭數書 40　問～織日

1171 媚

28

奏讞書 9　求得～

奏讞書 9　～曰故黠婢

奏讞書 10　～故黠婢

奏讞書 11　六年二月中得～

奏讞書 11　它如䘵～

奏讞書 11　詰～

奏讞書 13　～曰

奏讞書 163　～當賜衣

1172

好

好

2

奏讞書 137　～時辟鼪有鞫

1173

如

如

172

脈書 8　嗚～鼃音

奏讞書 11　它～椽媚

奏讞書 39　它～池

奏讞書 115　它～故獄

奏讞書 116　它～【故】獄

奏讞書 134　它～雇

二年律令 63　有賞～捕斬

二年律令 108　皆～耐罪然

二年律令 142　死事者置後～律

二年律令 148　皆購之～律

二年律令 162　事之～奴婢

二年律令 205　賞～律

奏讞書 10　它～椽

筭數書 75　錢所乘亦破～此

引書 64　復炎臥～前

1174

嬐

嬐

2

奏讞書 61　轂母～亭中

奏讞書 62　出～疑罪

1175 奸

22

奏讞書 20 是闌來誘及～

二年律令 193 强與人～者

奏讞書 25 以～及匿黥舂罪論

奏讞書 182 捕～者

奏讞書 195 與男子～棺喪旁

二年律令 192 以强～論之

二年律令 192 諸與人妻和～

奏讞書 20 吏以爲～

1176 姦

2

奏讞書 78 疑有～詐

毋部

1177 毋

193

奏讞書 193 欺死夫～論

奏讞書 3 它如～憂

奏讞書 4 ～憂

蓋廬 13 有前十里 ～後十步

蓋廬 53 室～度

引書 105 故能～病

奏讞書 205 ～此券

奏讞書 1 男子～憂

二年律令 38 令～得以爵償

二年律令124
~筭事其身

二年律令143
~爵者戍邊二歲

奏讞書191
不聽死父教~罪

奏讞書13
~它解

奏讞書29
~恢

奏讞書43
~罪

奏讞書205
~徵物

奏讞書145
~它解

民部

1178 民

31

奏讞書144
~心畏惡

奏讞書82
令~孚武主趣都中

蓋廬49
此十者救~道也

二年律令157
吏~亡

二年律令438
~私采丹者租之

二年律令70
毋坐爲~

二年律令308
募~欲守縣邑門者

二年律令86
吏~有罪當笞

二年律令345
~欲別爲户者

奏讞書22
而實誘漢~之齊國

丿部

1179

弗

87

奏讞書 203
順等求～得

奏讞書 155
皆～救援

奏讞書 195
捕者～案校上

二年律令 20
當燔～燔

二年律令 141
而～能捕得

奏讞書 220
謾曰～予

二年律令 64
～能捕斬而告吏

奏讞書 218
今～佩

奏讞書 61
獄史令賢求～得

引書 109
～智眗虖

二年律令 254
貧～能賞

乁部

1180

也

180

奏讞書 4
非曰勿令爲屯～

奏讞書 5
即復～

奏讞書 42
是賊傷人～

奏讞書 19
取南爲妻～

奏讞書 20
闌匿之～

奏讞書 178
盜者小人之心～

奏讞書 217
類刀故鞞～

奏讞書 118
以彼治罪～

奏讞書 118
相質五～

奏讞書 228
守吏～

奏讞書 110
小紖瘢相質 5～

奏讞書 214
毋坐～

奏讞書 113
毛謂獨～

二年律令 105
而皆其官之事～

二年律令 154
若有告劾非亡～

二年律令 95
其非故～

二年律令 269
非乏事～

奏讞書 55
啟爲偽書～

蓋盧 49
此十者救民道～

二年律令 12
有言～而謾

二年律令 20
其縣官脯肉～

二年律令 15
及毋避～

奏讞書 12
賣媚當～

引書 112
相瘛之道～

奏讞書 59
犬與武共爲偽書～

氏部

1181

氏

氏

26

奏讞書 130　以問獄史～

奏讞書 134　～曰刻下

奏讞書 138　～以告雇

奏讞書 139　婬魁言如～

奏讞書 139　詰～

二年律令 455　盧～

二年律令 455　泫～

奏讞書 144　問～

氏部

1182

氐

氐

3

二年律令 459　～道

二年律令 465　～道長

戈部

1183

賊

賊

55

二年律令 49　～殺傷人畜産

二年律令 142　與盜～遇而去北

奏讞書 226　卑令盜～不敢發

二年律令 154　吏主若備盜～

二年律令 22　謀～殺傷人

奏讞書 93　～殺人棄市

		1184 戍		1185 戰		1186 戲	1187 或
		戍		戰		戲	或
		17		32		2	18
奏讞書 42 是～傷人也	奏讞書 43 吏以爲即～傷人	二年律令 141 皆～邊二歲	二年律令 186 ～二歲	奏讞書 135 益發與～	奏讞書 140 三輩～北	二年律令 396 ～而殺人	奏讞書 7 ～曰不當論
奏讞書 90 蒼～殺人	蓋廬 4 國無盜～	二年律令 143 毋爵者～邊二歲	二年律令 268 郵人勿令繇～	奏讞書 136 其二輩～北當捕	奏讞書 142 ～北當捕者		奏讞書 16 ～曰當爲庶人
二年律令 45 以～論之	奏讞書 75 從獄史武備盜～	二年律令 414 ～有餘及少者		奏讞書 139 羛等～死			奏讞書 25 ～曰

奏讞書 77 其從迹類～殺之

二年律令 333 其～爲詐僞

二年律令 18 ～命糴謂毄毒

二年律令 142 ～誅斬

二年律令 154 ～捕之

二年律令 378 其～異母

奏讞書 198 ～道後類塹軵

蓋廬 25 營～（惑）火也

1188

戋

戋 7

筭數書 34 出租當倍～（哉）

戋 蓋廬 4 毋有疾～（災）

筭數書 36 狐皮卌五～（裁）

1189

武

武 71

奏讞書 92 謀賊殺獄史～

奏讞書 75 ～以六月壬午出行

二年律令 452 ～都

奏讞書 75 從獄史～備盜賊

二年律令 456 陽～

奏讞書 83 欲前就～

奏讞書 37 與求盜視追捕～

奏讞書 41 曰～軍奴

奏讞書 44 以告捕～

我部

引書 28
～指者

1190 義

義

2

奏讞書 71
興～言皆如恢

1191 重 羛

羛

12

奏讞書 135
～死

奏讞書 151
～死

奏讞書 155
反盜殺～等

奏讞書 154
不救援～等去北者

乚部

1192 直

直

64

奏讞書 176
～（值）三錢

奏讞書 177
～（值）三錢

二年律令 55
盜臧～（值）過六百

二年律令 58
并～（值）其臧

二年律令 107
鞫之不～

引書 9
信胻～瞳

引書 73
因徐～之

亾部

1193

亾

101

奏讞書 2
行未到去～

奏讞書 3
不智～故

奏讞書 5
已去～

奏讞書 9
楚時去～

奏讞書 10
即去～

奏讞書 20
南～之諸侯

奏讞書 40
楚時～

奏讞書 43
曰武軍奴～

奏讞書 44
軍告武～奴

奏讞書 100
不～牛

奏讞書 136
䟺～不得

奏讞書 199
錢已～

奏讞書 212
將陽～而不盜傷人

二年律令 6
其敗～粟米它物

二年律令 8
有～粟米它物

二年律令 157
皆籍～日

二年律令 172
取～罪人爲庸

二年律令 172
不智其～

1194

無

31

二年律令 172
以舍～人律論之

蓋盧 8
亂爲破～

二年律令 157
吏民～

二年律令 157
皆償～日

二年律令 65
群盜及～從群盜

二年律令 2
～少長皆棄市

二年律令 124
～城旦舂

二年律令 215
獄～輕重關於正

二年律令 267
有縣官事而～僕

脈書 20
甚則～膏

蓋盧 52
地大而～守備

匸部

1195

匿

20

二年律令 167
其所～未去而告之

二年律令 19
～及弗歸

奏讞書 64
舍～之

奏讞書 25
奸及～黥舂罪

二年律令 167
～罪人死罪

二年律令 146
吏～弗言其縣廷

奏讞書 20
闌～之也

奏讞書 139
操其叚兵～山中

1196
匽

2

引書 26
虎～（偃）者

1197
匹

8

筭數書 52
馬一～前到

二年律令 509
以～數告買

奏讞書 58
大夫犬乘私馬一～

匚部

1198
匠

1

二年律令 462
大～官司空

1199 重
篋

1

二年律令 331
皆以～若匣匱盛

1200
匱

1

二年律令 331
皆以篋若匣～盛

1201
匣

1

二年律令 331
皆以篋若～匱盛

曲部

1202
曲

2

引書 70
～左手

瓦部

1203
甄

2

引書 99
蛇～以利距腦

弓部

1204
張

13

奏讞書 166
～帷幕甚具

脈書 13
爲盧～

引書 85
有力～右輯

脈書 8
如膚～（脹）狀

引書 35
必前～（脹）

1205
引

95

引書 1 背
～書

二年律令 502
審有～書

引書 13
～尻者

引書100 ～信以利肩絵

引書74 治八經之～

引書95 力～頸與耳

1206 弘

2

奏讞書184 正始監～廷史

1207 弩

10

奏讞書1 發～九詣男子毋憂

奏讞書41 不當受軍～（奴）

二年律令445 郡發～

1208 發

45

二年律令332 嗇夫～

奏讞書152 不署前後～

奏讞書135 ～新黔首往候視

奏讞書135 益～與戰

奏讞書135 益～新黔首往毄

奏讞書142 所～新黔首籍并

奏讞書1 ～弩九詣男子毋憂

二年律令147 ～及鬭殺人而不得

奏讞書82 武～適孚

系部

1209 孫

19

二年律令379 毋女令～

二年律令379 毋耳～令大父母

二年律令379 毋～令耳孫

1210

繇

19

二年律令379
毋孫令耳～

二年律令177
內～毋爲夫收

二年律令268
郵人勿令～（徭）戍

二年律令279
家毋當～（徭）者

二年律令403
～（徭）及車牛

二年律令414
以當～（徭）

奏讞書2
以當～（徭）賦

糸部

1211 經

6

引書 101
熊~以利脿背

引書 104
是以必治八~之引

引書 33
急治八~之引

1212 紀

2

蓋盧 6
列星爲~

蓋盧 12
命曰絶~

1213 紿

2

二年律令 261
諸詐~人以有取

二年律令 261
詐~人

1214 絶

4

奏讞書 167
莞席敝而經~

蓋盧 12
命曰~紀

1215 縱

23

二年律令 107
故~弗刑

奏讞書 92
捕蒼而~之

奏讞書 157
欲~勿論

奏讞書 158
篡遂~囚

奏讞書 95
~囚與同罪

二年律令 107
篡遂~之

二年律令 146 皆以鞫獄故~論之	二年律令 108 其~之而令亡	二年律令 109 ~者黥爲城旦舂

1216 繙

繙 1

二年律令 258 縞~		

1217 級

級 13

二年律令 61 捧爵一~	二年律令 150 捧爵一~	二年律令 150 ~賜萬錢
二年律令 186 奪爵各一~	二年律令 204 予爵一~	二年律令 289 卿以上予棺錢~千
二年律令 289 享~六百	二年律令 289 棺錢~六百	二年律令 289 享~三百

1218 約

約 8

二年律令 411 共出牛食~載具	奏讞書 50 昌與相如~	筭數書 17 即~之矣

1219 結

結 1

脈書 18 胠如~		

1220 縛

縛 2

引書 48 賈~兩胕於兩脅		

1221
給

11

二年律令288
縣官～一棺

二年律令267
皆～水滌

二年律令288
～二棺

二年律令157
～逋事

1222
繒

6

二年律令61
～幅廣廿二寸

二年律令258
販賣～布

奏讞書205
類～中券

1223
縑

2

遣策13
～履一

1224
縞

1

二年律令258
～繙

1225
縵

3

二年律令285
用～六丈四尺

二年律令285
用～二丈

1226
絹

1

奏讞書215
白革鞞僳～

1227
紺

2

奏讞書219
人盜～（拑）刀

1228	1229 重	1230	1231		1232	1233	1234
纔	絟	緣	纍		緱	繩	維
纔	絟	緣	纍		緱	繩	維
1	1	6	8		1	1	1
 二年律令258 ～緣	 引書100 引信以利肩～（錦）	 二年律令19 軍吏～邊縣道	 引書10 ～足指	 引書67 兩手空～	 二年律令456 河南～氏成皋	 二年律令249 毋殺其～重者	 蓋廬6 ～斗爲擊
		 二年律令258 纔～	 引書10 曰～童				
		 二年律令282 ～二丈六尺	 引書41 兩手空～而更蹶之				

1235 纇

1

顯　奏讞書 181　鐵～其足

1236 紉

3

奏讞書 110　小～（朋）瘢相質

奏讞書 118　笞～（朋）瘢相質五

1237 繳

1

奏讞書 17　冠～（縞）冠

1238 絮

14

二年律令 283　～二千石

二年律令 282　～十一斤

二年律令 282　～一斤半

二年律令 282　～二斤

二年律令 285　帛裹毋～

奏讞書 168　滓莞席麗其～

1239 絡

2

二年律令 143　奪其將爵一～〈級〉

1240 絺

1

二年律令 258　～緒

1241 絜

1

奏讞書 228　謙～（潔）敦愨

素部

1242 素 (6)

- 奏讞書 183　與丁母～夜喪
- 遣策 11　～綺一
- 遣策 25　～冠

1243 重 緩 (2)

- 蓋廬 51　～令而急徵

虫部

1244 虫 (1)

- 脈書 3　爲～（蟲）禹

1245 蛸 (1)

- 脈書 6　爲馬～

1246 雖 (22)

- 奏讞書 4　～不當爲屯
- 奏讞書 188　捕者～弗案校上
- 奏讞書 21　闌～不故來
- 奏讞書 34　解～不智其請
- 奏讞書 149　等～論奪爵令或
- 奏讞書 12　～楚時去亡

字	字數	出處	辭例
(雖)		奏讞書 200	～有逢見
(雖)		二年律令 31	人～毆變之
(雖)		二年律令 32	～傷之毋罪
(雖)		二年律令 68	～未得若未劫
(雖)		二年律令 251	～未有殺傷也
(雖)		二年律令 378	～長先以同母者
1247 强	24	二年律令 194	～略人以爲妻
		二年律令 187	有責而敢～質
		奏讞書 68	南郡守强敢言之
		二年律令 65	縛守將人而～盜之
		二年律令 140	賊殺傷人～盜
		奏讞書 67	南郡守～
		二年律令 193	～與人奸者
		蓋盧 25	冬水～可以攻火
		蓋盧 25	四月火～可以攻金
1248 蜀	5	奏讞書 56	～守讞
		奏讞書 58	～守讞
1249 ⿱濡虫	2	奏讞書 177	～（儒）服
		奏讞書 177	～（儒）者君子之節

䖵部

1250 重

蚤

6

脈書 13
身痛艮～（爪）黄

引書 106
～（早）衰於陰

奏讞書 117
何故不～（早）言請

奏讞書 117
此以不～（早）言請

1251

螽

1

蚤 奏讞書 222
之田救～

蟲部

1252 重

蜚

2

奏讞書 171
～（飛）入炙中

奏讞書 172
髮～（飛）入炙中

風部

1253

風

6

脈書 14
身痛面盈爲～

蓋廬 33
甚雨甚～

引書 103
必於暑濕～寒雨露

它部

1254

它

98

筭數書 151
圜材井窌若～物

奏讞書 193
日與～男子奸

奏讞書 40
～如武

奏讞書 116
～如

奏讞書 143
不與～令等

奏讞書 228
勸～吏

二年律令 163
有～罪

奏讞書 10
～如彖

二年律令 110
～各以其所出入罪

奏讞書 154
～如辤

奏讞書 11
～如彖媚

奏讞書 145
毋～解

二年律令 7
其敗亡粟米～物

二年律令 8
有～粟米

二年律令 16
以～完封印印之

奏讞書 13
～如辤

奏讞書 23
～縣論

奏讞書 13
毋～解

二年律令 111
～各以其所出入罪

二年律令 126
～各反其罪

二年律令 93
～各以其罪論之

1255 重

蛇

2

二年律令 167
～各與同罪

二年律令 279
得復縣中～人

二年律令 324
～如律令

引書 99
～甄以利距腦

卯部

1256

卯

2

二年律令 249
取産麛～彀

二部

1257

二

341

二年律令 245
罰金～兩

二年律令 144
皆以卒戍邊～歲

二年律令 464
田鄉部～百石

二年律令 480
學佴～兩

二年律令 486
十～更

二年律令 509
十～

曆譜 16
～月庚午

奏讞書 172
發長～寸以上

奏讞書 172
～枚

奏讞書 174
過百到～百

奏讞書 174
～百到千

奏讞書 188
律～章

二年律令 5
罰金各～兩

二年律令 213
郡守～千石官

二年律令 24
而以傷辜～旬中死

二年律令 141
皆戍邊～歲

二年律令 7
舳艫亦負～

二年律令 427
～千石官

奏讞書 228
爲奏廿～牒

二年律令 520
廿～

筭數書 78
十～之除十六

二年律令 55
不盈～百廿

二年律令 56
廿～錢

二年律令 56
不盈廿～錢到一錢

脈書 19
爲十～病

筭數書 158
入～寸益之

1258 亟

5

奏讞書 172
～出說而賜媚新衣

二年律令 140
～詣盜賊發及之所

二年律令 20
～盡孰燔其餘

1259 恆

14

引書 99
堂落以～脈

二年律令 256
～會八月望

二年律令 246
～以秋七月

1260 凡

23

筭數書 96 ～租二石四斗

筭數書 138 黍～十斗

筭數書 163 ～凡令分母相乘

蓋廬 4 ～用兵之謀

蓋廬 35 ～擊適人

蓋廬 1 ～有天下

脈書 51 ～視死徵

筭數書 163 凡～令分母相乘

奏讞書 136 ～三輩

土部

1261 土

9

二年律令 250 毋以戊己日興～功

蓋廬 25 可以攻～

蓋廬 25 抮星～也

1262 地

33

奏讞書 24 從兄趙～

奏讞書 53 北～守讞

奏讞書 157 所取荆新～多群盜

引書 108 吸天～之精氣

引書 109 及卧寒突之～

蓋廬 3 行～之德

蓋廬 9 天～爲方圜

脈書 50 凡三陰～氣殹

引書 19 兩手據～

二年律令266
~險陜

二年律令240
上郡~惡

二年律令266
北~

1263
垣

8

二年律令182
越邑里官市院~

二年律令182
其~壞

二年律令414
市~道橋

1264
壁

9

引書72
足距~

引書36
鄉~毋息

引書36
左足踱~卷而休

1265
堂

7

奏讞書183
喪棺在~上

引書99
~落以恒脈

引書2
被髮游~下

1266
在

88

奏讞書76
不智~所

奏讞書114
講~咸陽

二年律令218
~所及旁縣道

脈書4
~面疕爲包

脈書6
~胃管

脈書9
~腸有農血

引書88
其~右手

引書92
其~右則

脈書3
~齒痛爲虫禹

二年律令105
~所縣道界

二年律令116
各辤~所縣道

蓋廬6
蒼蒼上天其央安~

1267

坐

坐

45

二年律令 218
~所郡及旁郡

二年律令 279
得復官~所縣人

二年律令 288
一室二肆~堂

二年律令 329
數~所正典弗告

奏讞書 183
喪棺~堂上

奏讞書 76
校長丙~以頌毄

奏讞書 77
~以毄者毋毄牒

奏讞書 90
布餘及它當~者

奏讞書 143
黔首當~者多

引書 84
引軵危~

二年律令 2
皆除~者罪

脈書 39
~而起

引書 53
恒~夸股

引書 57
左股危~

引書 64
有起危~

二年律令 70
爲民者亦勿~

二年律令 158
女子已~亡贖耐

二年律令 68
其妻子當~者

二年律令 14
皆~臧爲盜

二年律令 20
皆~脯肉臧

二年律令 261
皆~臧與盜同灋

奏讞書 214
毋~也

1268 封

23

二年律令 16
以它完～印=之

二年律令 179
吏雜～之

二年律令 274
諸行書而毀～者

二年律令 275
～毀

二年律令 328
并～

二年律令 328
移不并～

二年律令 332
完～奏令若丞印

1269 璽

2

二年律令 9
僞寫皇帝信～

1270 墨

2

脈書 24
數吹顔～

脈書 51
面～目圜視雕

1271 城

116

奏讞書 175
倡當～旦

奏讞書 187
當黥爲～旦舂

奏讞書 99
論黥講爲～旦

二年律令 88
當斬爲～旦

二年律令 157
毄～旦舂

奏讞書 158
黥爲～旦

奏讞書 24
助趙邯鄲～

二年律令 91
～旦刑盡

二年律令 86
完爲～旦舂

（城）

二年律令398 完爲～旦

二年律令68 以爲～旦舂

二年律令124 無～旦舂

1272 增 8

二年律令14 詐～減券書

蓋盧13 命曰～固

二年律令333 有～減也

1273 塞 26

脈書6 ～人鼻耳目

脈書15 身～〈寒〉熱

脈書9 爲～〈寒〉中

引書33 清産以～〈寒〉水

引書40 兩胻善～〈寒〉

1274 壘 1

蓋盧35 前～未固後人未舍

1275 垔 2

垔 引書18 罋而～頭

1276 塹 2

奏讞書198 或道後類～（暫）軵

1277重 毀 19

筭數書104 ～（毇）米

二年律令275 封～

二年律令274 諸行書而～封者

筭數書89　爲~（毀）粲米六斗

筭數書90　稾~（毀）糳

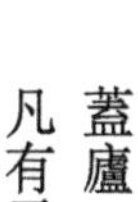

蓋廬1　凡有天下何~何舉

二年律令16　~封

1278

埃

3

蓋廬29　慎其填~

1279

垂

1

引書53　右手把飯~到口

1280

⿰土㐱

1

蓋廬25　~（填）星土也

1281

垷

1

引書9　曰埤~

1282

⿱潄土

1

引書4　用水澡~（漱）

里部

1283
里

49

二年律令 217
去家二千～以上

奏讞書 89
都陵～

奏讞書 89
居故市～

奏讞書 89
廣德～

奏讞書 74
恢居酈邑建成～

二年律令 264
十～置一郵

二年律令 266
卅～一郵

二年律令 305
挾～門籥

二年律令 390
伍～人

蓋盧 13
有前十～毋後十步

1284
野

4

二年律令 448
新～

二年律令 455
～王

田部

1285
田

88

奏讞書 18
南齊國族～氏

奏讞書 222
之～救螽

二年律令 174
皆收其妻子財～宅

田

二年律令201
正典～典伍人不告

二年律令243
縣道已豤～

二年律令244
～不可豤

二年律令265
輒代者有其～宅

二年律令338
食其～

二年律令448
藍～

二年律令468
～鄉部二百石

筭數書84
減～十一步

筭數書168
乘之～一畝

筭數書169
乘之～一畝

1286 疇

2

二年律令486
踐更□□～尸

1287重 畝

21

二年律令246
～二畛

二年律令246
百～爲頃

二年律令312
各五十～

筭數書168
乘之田～

筭數書159
爲田一～

1288 畍

7

二年律令141
～而環

界　二年律令 273
郵吏居～過書

二年律令 234
其縣道～中也

二年律令 104
非出縣道～也

1289

畛

2

二年律令 246
袤二百卌步爲～

二年律令 246
畝二～

1290

時

2

奏讞書 137
好～辟跍有鞫

1291

略

7

二年律令 66
～賣人

二年律令 194
强～人以爲妻

二年律令 175
坐奸～妻

1292

當

202

奏讞書 2
以～繇賦

奏讞書 2
不～爲屯

奏讞書 7
或曰不～論

奏讞書 7
～要斬

奏讞書 13
自～不當復爲婢

奏讞書 13
自當不～復爲婢

奏讞書 25
～以從諸侯來誘論

奏讞書 40
以武～復爲軍奴

奏讞書 42
與吏辯是不～狀

奏讞書 95
以此～丙贅

奏讞書 96
～之

奏讞書 96
皆～棄市

奏讞書 136　其二輩戰北～捕

二年律令 20　～燔弗燔

二年律令 158　後復亡～贖耐者

二年律令 421　馬牛～食縣官者

二年律令 70　諸～坐劫人以論者

二年律令 363　～傅

引書 33　～此之時

二年律令 68　其妻子～坐者

引書 35　～張之時

引書 52　以～甬者

1293

畱

21

奏讞書 60　～書八日

奏讞書 60　詐更其徼書辟～

奏讞書 130　雇視獄～留

奏讞書 142　獄～須逘

二年律令 143　～畏耎弗敢就

二年律令 234　～過十日者

二年律令 328　～弗移

二年律令 335　～難先令

脈書 52　夫～（流）水不腐

1294

畜

5

二年律令 49　～產爲人牧而殺傷

二年律令 308　及止～產放出者

二年律令 49　賊殺傷人～產

黃部

1295

黃

13

二年律令240 罰～金四兩

脈書32 目～口乾

二年律令465 ～（廣）鄉長

男部

1296

男

27

二年律令195 復～弟兄子

二年律令370 毋母以～同産

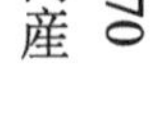

奏讞書187 與～子和奸喪旁

二年律令370 毋～同産以女同産

奏讞書1 發弩九詣～子毋憂

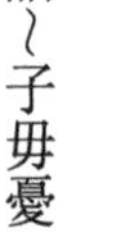

遣策16 吳人～女七人

二年律令438 ～子月六斤九兩

奏讞書183 ～子丙

二年律令381 後妻毋子～爲後

奏讞書193 日與它～子奸

二年律令379 死毋子～代户

力部

1297
力

49

引書 45
～揮左足

二年律令 142
～足以追逮捕之

引書 48
～揮之

引書 56
～引之

奏讞書 134
勉～善備

1298
功

4

二年律令 62
相與～（攻）盜

奏讞書 177
臣案其上～牒

奏讞書 178
以上～再訑其上

二年律令 250
毋以戊己日興土～

1299
助

2

奏讞書 24
人婢清～趙邯鄲城

二年律令 194
以爲妻及～者

1300
勉

2

奏讞書 134
～力善備

奏讞書 105
講謂毛～獨捕牛

1301
勸

1

奏讞書 228
～它吏

1302
勝

18

脈書 55
是胃筋骨不～其任

二年律令 145
皆爲不～任

蓋廬 11
此其～也

奏讞書45 視恐弗～

1303 勶

7

徹 二年律令10 ～侯印棄市

二年律令85 ～侯子内孫

二年律令314 ～侯受百五宅

1304 動

18

勭 脈書55 氣～則憂

脈書27 是～則病

脈書29 是～則病

脈書52 以其～

脈書20 是～則病

1305 勞

6

引書112 寒則～身

二年律令482 佐～少者

二年律令382 ～久

1306 勢

3

奏讞書187 ～（敖）悍完之

奏讞書188 ～（敖）悍之律

1307 劫

10

二年律令68 ～人

二年律令68 謀～人求錢財

二年律令71 相與謀～人

二年律令72 及爲人～者

1308 劾

12

奏讞書 81 它如～

二年律令 154 若有告～非亡也

奏讞書 163 君及夫人皆怒～

二年律令 510 弗告～

二年律令 144 及自～

二年律令 112 ～人不審

二年律令 180 有告～未遝死

二年律令 113 毋告～而擅覆治之

二年律令 112 故以重罪～之

1309 募

1

二年律令 308 ～民欲守縣邑門者

第十四 金部——亥部

金部

1310 金

金

116

奏讞書 174
罰～二兩

二年律令 15
皆罰～四兩

二年律令 4
罰～四兩

奏讞書 176
罰～一兩

蓋廬 26
春生陽也～死陰也

二年律令 8
罰船嗇夫吏～各四兩

二年律令 197
～不青赤者

二年律令 197
爲行～

二年律令 260
罰～各一斤

二年律令 480
罰～四兩

二年律令 405
皆罰～四兩

奏讞書 62
賢當罰～四兩

奏讞書 70
得～六斤三兩

1311 鉛

鉛

1

二年律令 197
非殊折及～錢也

1312 銅　8
- 二年律令 455　～鞮
- 筭數書 50　～秏
- 二年律令 199　以爲～它物

1313 鐵　6
- 奏讞書 56　采～長山
- 奏讞書 181　～顯其足
- 奏讞書 165　～盧甚磬

1314 鑄　9
- 二年律令 208　諸謀盜～錢
- 二年律令 208　頗有其器具未～者
- 二年律令 208　買～錢具

1315 銷　3
- 二年律令 199　故毀～行錢
- 二年律令 437　鼓～以爲成器

1316 錮　3
- 奏讞書 66　皆耐爲隸臣妾～
- 二年律令 38　其妻子爲收者皆～
- 奏讞書 65　平當耐爲隸臣～

1317 鋏　1
- 奏讞書 165　夫以桑炭之磬～

1318 銚　10
- 奏讞書 114　史～謂毛
- 奏讞書 119　～曰
- 奏讞書 109　～曰

1319 錯　2
- 奏讞書 50　～告當治

1320 鉥

1

奏讞書177
冠～（鷸）冠

1321 錢

163

筭數書76
百三～

奏讞書105
分講～

筭數書133
問幾何人～幾何

奏讞書176
盜一～到廿錢

筭數書76
分～九十五

筭數書133
分～人二而多三

奏讞書176
盜一錢到廿～

奏讞書176
直三～

二年律令72
諸予劫人者～財

二年律令66
恐猲人以求～財

二年律令260
販賣及賈～

二年律令403
及～數

奏讞書71
盜臧過六百六十～

奏讞書70
～萬五千五十

奏讞書217
獨青有～（殘）

奏讞書9
賈～萬六千

奏讞書2
出五十六～

二年律令71
有購～人五萬

二年律令242
平賈入～

1322
鈞
鈞
6

引書 40
不能～（均）

引書 48
舉之不～

1323
鉅
鉅
4

脈書 64
臂之～陰

脈書 19
是～陽之脈主治

1324
釰
1

二年律令 27
鬬而以～

几部

1325 重
處
處
14

奏讞書 211
居～狀

奏讞書 18
徙～長安

脈書 24
欲獨閉户牖而～

奏讞書 213
帶有佩～而毋佩

奏讞書 217
㦰傅鞞者～

奏讞書 115
～曰

且部

1326
且
且
10

奏讞書 138
以爲南郡～來復治

奏讞書 189
吏～何以論子

脈書 56
～聞哭音

1327 俎

俎 1

二年律令 338 令孫～外居

奏讞書 164 切肥牛肉枹～上

斤部

1328 斤

斤 42

筭數書 74 斗升～兩

二年律令 97 罰金一～以上罪

奏讞書 70 得金六～三兩

二年律令 119 金一～四兩

二年律令 119 金一～

二年律令 260 罰金各一～

二年律令 293 肉三～

二年律令 297 肉十二～

二年律令 97 不盈一～以下罪

筭數書 47 三百八十四朱一～

1329 斲

斲 1

脈書 54 故骨痛如～

1330

所

152

奏讞書 8
買婢媚士五點～

筭數書 75
錢～乘亦破如此

奏讞書 115
毛～盜牛雅擾易捕

奏讞書 110
大如指者十三～

奏讞書 76
不智在～

筭數書 74
以～賣買爲法

奏讞書 11
賣祿～

脈書 19
其～之病

脈書 25
其～産病

引書 2
～以益讎也

奏讞書 41
即告池～

奏讞書 157
～取荆新地多群盜

奏讞書 218
不智存～

奏讞書 218
買鞞刀不智何人～

奏讞書 157
吏～興與群盜遇

二年律令 513
致告買～縣道

二年律令 506
告買～内史

二年律令 14
及～不當

二年律令 5
責～燔

二年律令 61
吏～興

奏讞書 207
即薄出入～

二年律令 15
～避毋罪名

二年律令 15
以～避罪罪之

1331
斷
7

二年律令 27 ～陝鼻耳者

二年律令 102 皆得～獄

二年律令 105 所獨～治論

1332
新
43

二年律令 279 ～學盈一歲

二年律令 123 鬼～（薪）白粲

二年律令 232 ～爲官

二年律令 448 ～野

引書 41 以～纍縣之

奏讞書 157 獨財～黔首罪

奏讞書 157 所取荆～地多群盜

奏讞書 89 居～郪都陵里

奏讞書 75 行縣掾～郪獄

奏讞書 80 故爲～郪信舍人

奏讞書 75 ～郪信爰書

斗部

1333
斗
121

二年律令 297 酒一～

奏讞書 176 丁盜粟一～

奏讞書 176 今佐丁盜一～粟

二年律令 233 車大夫粺米半～

二年律令 293 飯一～

筭數書 85 今乾之一～一升

（續前頁）

二年律令293
酒少半~

筭數書94
而以券~爲一

奏讞書70
二百六十三石八~

筭數書85
取程五步一~

1334
魁

5

奏讞書116
~都從軍

奏讞書138—139
媼~言如氏

1335
升

116

二年律令233
車大夫醬四~升一

二年律令299
醓醬各一~

二年律令293
鹽廿分~一

二年律令301
食一盛用米九~

筭數書85
今乾之一斗一~

二年律令233
廿二分~一

筭數書86
今乾之七~少半升

矛部

1336
矛

1

遣策37
~一

車部

1337 車

車　31

二年律令411　以貲共出~牛及益

二年律令449　公~司馬

筭數書126　日爲成炭七斗到~

脈書53　夫乘~食肉者

二年律令233　~大夫粺米半斗

奏讞書17　詳病臥~中

二年律令233　~大夫醬四分升一

二年律令314　駟~庶長八十八宅

二年律令411　縣官~牛不足

二年律令225　船~有輪

1338 輕

輕　7

二年律令215　獄無~輕重關於正

奏讞書194　罪~於侵欺生父

二年律令519　~車

1339 輯

輯　3

奏讞書147　今新黔首實不安~

引書85　力張左~（領）

1340 輒

輒　15

二年律令305　~謁吏典

二年律令247　~爲之

二年律令19　事已~收臧

二年律令347 亦~遣都吏案效之

1341
軍
50

奏讞書39 以~告與池追捕武

奏讞書40 以武當復爲~奴

奏讞書43 自以非~亡奴

奏讞書44 ~告武亡奴

蓋廬34 此十者攻~之道也

奏讞書36 士五~告池曰

奏讞書40 武故~奴

蓋廬33 ~急以卻

蓋廬33 ~少以恐

奏讞書40 ~曰

奏讞書37 故~奴

奏讞書38 不當爲~奴

二年律令471 衛將~

奏讞書116 魁都從~

二年律令440 衛將~

1342
轉
1

蓋廬6 ~橦更始

1343
輸
6

奏讞書181 ~巴縣鹽

二年律令225 船車有~

1344
輩

3

奏讞書 140
三～戰北

奏讞書 136
其二～戰北當捕

奏讞書 136
凡三～

1345
軵

5

二年律令 157
～數盈卒歲而得

奏讞書 198
或道後類塹～

奏讞書 199
其～婢疾

引書 56
而前～手

1346
斬

32

二年律令 88
當～爲城旦者

奏讞書 164
筋膕盡～

二年律令 64
弗能捕～而告吏

二年律令 142
或誅～除

二年律令 2
皆要～

二年律令 63
其能自捕若～之

二年律令 63
有賞如捕～

奏讞書 34
～左止爲城旦

奏讞書 158
僨乏不鬬～

奏讞書 7
當要～

皀部

1347

官

𠂤

179

二年律令410
縣道～

二年律令410
擅壞更～府寺舍

二年律令464
司空及衛～

筭數書126
負炭道車到～一石

筭數書126
今欲道～往之

筭數書127
七日亦負到～

奏讞書53
戍卒～大夫有署出

奏讞書60
郪人～大夫

二年律令465
它都～長

奏讞書193
夫爲吏居～

二年律令462
大匠～司空

𠂤部

1348

陵

陵

32

二年律令456
夷～

蓋盧12
倍～而軍

二年律令449
江～

1349

陰

陰

47

二年律令448
華～

引書33
引～

蓋盧26
火死～也

脈書39
少～之脈

脈書47
是臂少～之脈主治

1350

陽

87

奏讞書 116
踐更咸～

奏讞書 212
將～亡而不盜傷人

奏讞書 88
以堅守熒～

引書 91
廁比十～見十

奏讞書 106
下總咸～

奏讞書 227
咸～丞穀禮敢言之

引書 11
曰引～筋

奏讞書 75
淮～守

引書 99
～見以利目

二年律令 448
沂～

脈書 20
此爲～[厥]

蓋廬 26
冬生～也

二年律令 448
雲～

二年律令 448
圜～

1351

陸

3

二年律令 452
平～

1352

阿

2

二年律令 460
東～

1353

險

1

二年律令 266
地～陜不可置郵者

1354 陝

2

二年律令 266
地險～不可置郵者

1355 隤

1

二年律令 414
～後年

1356 降

8

奏讞書 9
楚時去亡～爲漢

奏讞書 12
雖楚時去亡～爲漢

奏讞書 38
楚時去亡～漢

二年律令 1
～諸侯

二年律令 1
若～之

1357 隄

1

二年律令 249
進～水泉

1358 附

3

脈書 54
脈者瀆殹肉者～殹

二年律令 323
有田宅～令人名

1359 隱

8

二年律令 312
司寇～官各五十畝

二年律令 124
皆以爲～官

二年律令 365
司寇～官子

奏讞書 29
明嫁符～官解妻

1360

除

除

67

筭數書134 以子少者～子多者

二年律令64 ～其罪

奏讞書48 武當黥爲城旦～視

二年律令71 ～告者罪

二年律令110 更言請者～

引書109 ～去之

二年律令481 乃～佐

奏讞書128 ～弦伏不治

二年律令38 毋得以爵償免～

1361

際

際

2

脈書2 在目～

1362

院

院

2

二年律令182 越邑里官市～垣

𨺅部

1363 重

隧

隧

2

二年律令405 見寇失不燔～

四部

1364

四

204

奏讞書 128
它獄～百卌九日

二年律令 56
罰金～兩

奏讞書 99
～月丙辰

奏讞書 62
賢當罰金～兩

脈書 52
實～支而虛五臧

二年律令 415
罰金各～兩

筭數書 86
以乘七斗～分步

二年律令 4
罰金～兩

二年律令 8
船嗇夫吏金各～兩

奏讞書 68
八年～月

二年律令 438
女子～斤六兩

二年律令 15
皆罰金～兩

五部

1365

五

329

奏讞書 2
歲出～十六錢

奏讞書 45
士～（伍）

脈書 38
爲～五病

奏讞書 89
丙～夫廣德里

二年律令 255
～月户出賦十六錢

蓋廬 26
此用～行之道也

奏讞書 212
收訊其士～（伍）武

二年律令 71
有購錢人～萬

奏讞書 70
舍人士～（伍）興

奏讞書 110
小紖瘢相質～（伍）

奏讞書 100
盜士～（伍）牝牛

二年律令 310
關内侯九十～頃

六部

1366
六

223

奏讞書 1
～月戊子

奏讞書 9
買錢萬～千

奏讞書 11
～年二月中得媚

奏讞書 75
武以～月壬午出行

奏讞書 160
～人不毄

二年律令 97
毄不盈～歲

二年律令 255
五月户出賦十～錢

二年律令 284
千石至～百石吏

二年律令 314
大上造八十～宅

二年律令 315
右庶長七十～宅

二年律令 446
秩各～百石

脈書 55
夫～痛者皆存於身

曆譜 10
～月病免

筭數書 103
十～分升之五

蓋廬 25
～月土强可以攻水

七部

1367

七

154

奏讞書 17
十年~月

奏讞書 36
十年~月

奏讞書 45
年卅~歲

奏讞書 68
上奏~牒

奏讞書 77
~月甲辰

奏讞書 125
廿~年二月壬辰

奏讞書 160
訊者~人

遣策 37
枚杯~

二年律令 311
官大夫~頃

二年律令 315
官大夫~宅

二年律令 398
過~日耐爲隸臣

二年律令 474
史卜子年十~歲學

二年律令 246
恒以秋~月

九部

1368

九

115

奏讞書 1
發弩~詣男子毋憂

奏讞書 128
它獄四百卌~日

奏讞書 113
八~日

二年律令 310
關内侯~十五頃

二年律令 315
公大夫~宅

二年律令 246
~月大[除][道]

二年律令447　～原

筭數書82　～分之五也

筭數書103　爲粺卅二分升～

二年律令438　男子月六斤～兩

奏讞書202　鐵環長～寸

奏讞書62　受豚酒臧～十

内部

1369 禽 1

蓋廬5　天下人民～獸皆服

1370 萬 27

奏讞書9　賈錢～萬六千

二年律令150　有購二～錢

奏讞書70　錢～五千五十

二年律令150　級賜～錢

二年律令71　有購錢人五～

1371 禹 3

引書101　～步以利股閒

甲部

1372

甲

39

- 奏讞書 1 十一年八月～申
- 奏讞書 188 告杜論～
- 奏讞書 75 求盜～告曰
- 奏讞書 188 ～當完爲春
- 二年律令 216 ～兵
- 奏讞書 183 ～與男子丙偕之棺
- 奏讞書 97 新鄭～丞
- 奏讞書 183 杜瀘女子～
- 奏讞書 36 七月辛卯朔～寅

乙部

1373

乙

19

- 蓋廬 55 秋甲～冬丙丁
- 曆譜 12 十一月～丑
- 奏獻書 68 四月甲辰朔～巳

1374

乾

10

- 筭數書 83 今～之八升
- 筭數書 86 秏租産多～少
- 筭數書 87 如～成一數也

1375

亂

10

- 脈書 50 陰病而～
- 蓋廬 54 此十者救～之道也
- 脈書 39 悒＝如～

1376

尤

1

- 二年律令 232 有～急言變事

丙部

1377

丙

40

奏讞書76
公粱亭校長～

奏讞書85
詰～贅

奏讞書89
～五大夫廣德里

奏讞書92
校長～贅捕蒼

奏讞書95
以此當～贅

奏讞書96
信蒼～贅皆當棄市

奏讞書97
獄史～治

蓋廬55
秋甲乙冬～丁

曆譜12
十月～申

丁部

1378

丁

28

奏讞書9
廼三月～巳亡

奏讞書176
～盜粟一斗

奏讞書176
論完～爲倡

奏讞書176
今佐～盜一斗粟

奏讞書177
吏初捕～來

奏讞書178
今～有宵人心

奏讞書183
公士～疾死

奏讞書183
與～母素夜喪

二年律令278
～女子各二人

曆譜 8
正月～巳

曆譜 3
五月～巳

蓋廬 55
秋甲乙冬丙～

戊部

1379

戊

22

奏讞書 1
六月～子

奏讞書 121
十月癸酉朔～寅

二年律令 250
毋以～己日興土功

曆譜 13
三月～午

1380

成

29

二年律令 448
～固

二年律令 449
西～

二年律令 455
～安

二年律令 456
～皋

蓋廬 4
王名可～

筭數書 155
令五而～一

奏讞書 74
恢居酈邑建～里

二年律令 448
宜～

二年律令 279
盈二歲而巧不～

己部

1381

己

24

奏讞書 70
盜醴陽～鄉縣官米

曆譜 1
八月己丑八月～丑

二年律令 250
毋以戊～日興土功

巴部

1382

巴

2

二年律令 268
復蜀～漢中

奏獻類 181
輸～縣鹽

庚部

1383

庚

24

曆譜 14
六月～戌

曆譜 14
七月～辰

曆譜 16
三月～子

曆譜 7
九月～寅

曆譜 16
二月～午

奏讞書 26
八月～申朔癸亥

辛部

1384
辛
辛
24

曆譜 7
六月～酉

曆譜 7
七月～卯

曆譜 9
三月～亥

曆譜 9
二月～巳

奏讞書 36
七月～卯朔甲寅

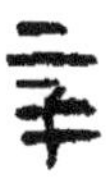
曆譜 14
五月～巳

曆譜 14
四月～亥

奏讞書 17
七月～卯朔癸巳

1385
辜
辜
4

二年律令 48
以～死令贖死

二年律令 24
而以傷～二旬中死

二年律令 39
以毆笞～死

奏讞書 49
以～死

1386
辤
辤
13

奏讞書 105
詰改～（辭）如毛

二年律令 116
各～（辭）在所縣道

奏讞書 71
它如～（辭）

辡部

1387
辯
辯
1

奏讞書 42
與吏～是不當狀

壬部

1388
壬

28

奏讞書 28
十二月～申

奏讞書 75
六月～午

奏讞書 227
丙子朔～辰

癸部

1389
癸

25

奏讞書 17
七月辛卯朔～巳

奏讞書 26
八月庚申朔～亥

蓋廬 55
季春庚辛夏壬～

奏讞書 106
二月～亥

奏讞書 121
十月～酉朔戊寅

曆譜 9
十月～未

曆譜 9
十一月～丑

奏讞書 100
元年十二月～亥

子部

1390
子

208

二年律令 133
～告父母

奏讞書 190
～當何論

二年律令 68
其妻～當坐者

1391

字

4

二年律令 38
父母告～不孝

二年律令 133
主父母妻～

遣策 40
有～

奏讞書 1
六月戊～發弩九

奏讞書 88
信諸侯～

奏讞書 178
禮者君～學也

奏讞書 90
非諸侯～

二年律令 38
其妻～爲收者

二年律令 2
妻～

奏讞書 190
有～不聽生父教

奏讞書 183
男～丙

奏讞書 203
訊問女～嗆

奏讞書 227
六年八月丙～朔

奏讞書 199
女～齔出

奏讞書 205
即收訊人豎～

奏讞書 1
發弩九詣男～毋憂

奏讞書 2
變夷大男～

二年律令 68
罪其妻～

奏讞書 180
毋妻以～女爲後

奏讞書 122
妻～已賣者

奏讞書 222
見一女～操簦但錢

二年律令 475
能風書五千～以上

二年律令 184
而敢～貸錢財者

1392

季

3

奏讞書 176
柳下～爲魯君治之

奏讞書 177
柳下～曰

1393

孽

4

二年律令 361
～子

二年律令 340
分～子叚子田

二年律令 341
～子

孼 蓋廬 4
訞～不來

1394

存

9

二年律令 104
不～

二年律令 105
令長若真丞～者

二年律令 106
不～及病者

二年律令 106
論及～者之罪

奏讞書 5
～吏毋解

奏讞書 43
～吏當罪

奏讞書 218
不智～所

1395

疑

22

奏讞書 59
～罪

奏讞書 53
弗得～罪

奏讞書 60
～罪

奏讞書 62
～罪

奏讞書 211
～爲盜賊者

奏讞書 214
舉闢～孔盜傷婢

1396 褱

1

二年律令31

～（懷）子

𠫓部

1397 疏

5

二年律令256

各以二尺牒～書

蓋廬13

軍恐～遂

丑部

1398 丑

15

奏讞書1

八月甲申朔己～

曆譜8

十月己～

曆譜9

十一月癸～

曆譜14

十二月癸～

寅部

1399 寅

17

奏讞書121

十月癸酉朔戊～

曆譜11

九月丙～

曆譜7

九月庚～

卯部

1400

卯

16

奏讞書 17
十年七月辛~朔

奏讞書 36
十年七月辛~朔

奏讞書 126
四月辛~鴟有論去

曆譜 14
九月己~

曆譜 6
六月丁~

曆譜 7
七月辛~

曆譜 11
七月丁~

辰部

1401

辰

23

奏讞書 68
八年四月甲~朔

奏讞書 99
四月丙~

奏讞書 227
八月丙子朔壬~

蓋廬 6
參~爲剛

曆譜 7
五月壬~

曆譜 9
四月庚~

曆譜 13
七月丙~

曆譜 14
七月庚~

曆譜 18
八月丙~

巳部

1402

巳

124

奏讞書17 七月辛卯朔癸～

奏讞書68 四月甲辰朔乙～

曆譜9 二月辛～

曆譜15 六月乙～

曆譜16 六月己～

蓋廬7 孰智其～（已）

二年律令158 ～（已）坐亡贖耐

二年律令19 事～（已）輒收臧

奏讞書105 十二月～（已）嘉平

奏讞書100 ～（已）嘉平可五日

奏讞書122 妻子～（已）賣者

筭數書158 即大數～（已）

奏讞書1 ～（已）受致書

奏讞書4 窯～（已）遣

奏讞書24 ～（已）即亡

二年律令115 獄～（已）決盈一歲

奏讞書199 錢～（已）亡

二年律令396 獄～（已）具

二年律令398 ～（已）受令而逋

奏讞書177 不～（已）重虜

1403

㠯

781

以

奏讞書 19
而取～爲妻

引書 106
人之所～善蹷

奏讞書 25
～奸及匿黥舂罪論

筭數書 95
～斗爲十

奏讞書 207
～爲衣食者

脈書 20
不可～反瘦

奏讞書 25
當～從諸侯來誘論

引書 109
賤人之所～得病者

蓋廬 28
皆可～攻

奏讞書 60
内當～爲僞書論

奏讞書 75
武～六月壬午出行

奏讞書 76
校長丙坐～頌毄

奏讞書 118
～彼治罪也

奏讞書 141
未有～別智當捕者

奏讞書 142
未有～別智

奏讞書 144
氏即～告雇

奏讞書 145
～自解于雇

奏讞書 145
～偕捕之

奏讞書 165
夫～桑炭之磬鋏

奏讞書 203
舉闕～婢僨

奏讞書 94
～此當信

奏讞書 215
公士孔～此鞞予僕

奏讞書 228
謁～補卒史

二年律令 1
～城邑亭鄣反

二年律令 35
鬼薪白粲～上

二年律令 38
令毋得～爵償免除

二年律令 422
～冬十一月稟之

二年律令 485
五百石～下

脈書 52
～其動

脈書 64
所～論有過之脈

奏讞書 95
～此當丙贅

奏讞書 28
～令自占書名數

奏讞書 28
詐自～爲未有名數

奏讞書 85
蒼～其殺武告丙

奏讞書 38
～劍擊傷視

午部

1404

午

21

曆譜 12
二月甲～

曆譜 13
三月戊～

曆譜 14
三月壬～

奏讞書 75
六月壬～出行

奏讞書 126
九月甲～已

曆譜 9
十二月壬～

未部

1405

未

82

奏讞書 18
～出關得

奏讞書 28
詐自以爲～有名數

奏讞書 141
～有以別智當捕者

奏讞書 2
行～到去亡

奏讞書 2
行～到

奏讞書 11
媚～有名數

奏讞書 141
還𨁵～來未捕

奏讞書 141
還𨁵未來～捕

奏讞書 142
～有以別智

奏讞書 142
𨁵主還～來

奏讞書 156
～有以捕章捕論

奏讞書 214
～嘗佩鞞刀

奏讞書 216
～嘗予僕鞞

二年律令 110
獄～鞫而更言請

二年律令 115
年～盈十歲

二年律令 208
頗有其器具～鑄者

二年律令 412
免老小～傅者

二年律令 467
～央食官

曆譜 7
後九月己～

曆譜 9
十月癸～

曆譜 14
正月癸～

申部

1406

申

申

33

奏讞書 1 十一年八月甲~朔

奏讞書 26 十年八月庚~朔

奏讞書 28 十二月壬~

奏讞書 189 廷史~繇使而後來

二年律令 472 ~徒公主

蓋廬 29 ~胥曰

曆譜 9 九月戊~

曆譜 10 後九月壬~

曆譜 12 十月丙~

1407

臾

臾

1

引書 32 須~之頃

酉部

1408

酉

酉

18

奏讞書 75 七月乙~

奏讞書 121 二年十月癸~朔

曆譜 7 六月辛~

曆譜 10 八月癸~

曆譜 11 八月丁~

曆譜 12 九月辛~

酉部

1409 酒

10

曆譜 14
八月己～

曆譜 15
九月癸～

二年律令 292
～大半斗

二年律令 293
～少半斗

二年律令 302
毋爵以和～

二年律令 297
賜吏～食

二年律令 297
肉十二斤～一斗

奏讞書 62
受豚～臧九十

二年律令 303
賜～者勿予食

二年律令 306
其獻～及乘置乘傳

1410 茜

1

二年律令 486
～御

1411 醬

5

二年律令 233
車大夫～四分升一

二年律令 292
～少半升

1412 醀

1

奏讞書 121
居汧～中

1413 重

尊

4

二年律令302
六百石以上以上～

二年律令302
五百石以下以下～

戌部

1414

戌

18

奏讞書8
八月甲申朔丙～

奏讞書36
迺五月庚～

曆譜6
三月戊～

曆譜9
五月庚～

曆譜11
六月戊～

曆譜16
七月戊～

亥部

1415

亥

20

奏讞書26
八月庚申朔癸～

奏讞書100
十二月癸～

奏讞書106
二月癸～

曆譜8
二月丁～

曆譜12
三月癸～

曆譜12
五月癸～

曆譜13
四月丁～

曆譜14
四月辛～

曆譜16
五月己～

合文

0001

七十

15

二年律令 315
左更～八宅

二年律令 315
右庶長～六宅

二年律令 315
左庶長～四宅

二年律令 342
及老年～以上

二年律令 355
大夫以上年～

二年律令 355
不更～一

二年律令 355
簪褭～二

二年律令 355
上造～三

二年律令 355
公士～四

二年律令 355
公卒士五～五

筭數書 84
～九步而一斗

0002

大夫

64

奏讞書 28
～=荊詣女子符

奏讞書 29
爲～=明隸

奏讞書 53
戍卒官～=有署出

奏讞書 58
～=犬乘私馬一匹

奏讞書 61
士吏賢主～=

奏讞書 80
求盜～=布

奏讞書 89
丙五～=廣德里

奏讞書 162
今宰人～=說進炙君

二年律令 233
車～=粺米半斗

二年律令 233
車~=醬四分升一

二年律令 282
五~=以上

二年律令 289
五~=以下

二年律令 291
五~=比八百石

二年律令 291
公~=

二年律令 291
官~=

二年律令 292
~=比三百石

二年律令 315
五~=廿五宅

二年律令 315
公~=九宅

二年律令 315
官~=七宅

二年律令 315
~=五宅

二年律令 364
~=以上至五大夫子

二年律令 364
小爵~=以上

筆畫序檢字表

一　本檢字表，供檢索《張家山漢簡字形譜》單字的所有字頭和字頭下的俗寫異體用，由此可檢閱到相關字頭下的全部内容。由於合文數量較少，故不再附於本檢字表中。

二　表中被檢字首先按筆畫排列，筆畫相同的字再按筆順（一、丨、丿、丶、乙）之序排列。

三　每一字頭之後是該字在字形譜中的字頭序號——四位阿拉伯數字或四位阿拉伯數字加「重」，或四位阿拉伯數字加「新」。例如：「甲　1372」表示「甲」的字頭序號爲「1372」。

四　鑒於有些字頭和字頭下的俗寫異體較爲生僻，爲便於檢索，本檢字表專門列出了與這些生僻字所對應的通行體，即通過檢索某一生僻字所對應的通行體，也可檢索到該生僻字。具體詳《凡例》第十四條。

方 0871
火 0977
斗 1333
心 1018
央 0268
尺 0865
引 1205
丑 1398
孔 1104
巴 1382
以 1403
予 0357
毌 1177

五畫

玉 0020
末 0549
未 1405
巧 0460
正 0109
邛 0637
功 1298
去 0486
丗 0188
本 0547
术 0684重
可 0468
丙 1377
左 0457
右 0266
石 0939
布 0777
戊 1379
平 0471
北 0831
占 0314
目 0317
旦 0652
且 1326
甲 1372
申 1406
田 1285
史 0275
央 0521
兄 0872
㠯 1403
囚 0597
四 1364
生 0586
矢 0513
失 1149
禾 0677
付 0793
仗 0818
代 0802
白 0780
斥 0936
卮 0907
瓜 0714
令 0908
用 0315
印 0912
氐 1182
句 0180
卯 1400
外 0668
冬 1096
包 0919
主 0488
市 0520
立 1015
玄 0355
半 0069
汁 1070
穴 0724
它 1254
必 0065
永 1092
司 0906
尻 0862
尼 0863
民 1178
弗 1179
弘 1206
出 0583
奴 1169
召 0086
皮 0295
台 0090
矛 1336
母 1165

六畫

式 0459
㓝 0492
刑 0492
扞 1157
寺 0293
卋 0188
吉 0092
老 0857
辻 0113
地 1262
戋 1188

八畫

事 0276
刺 0426
兩 0764
雨 1098
奔 1008
奇 0469
來 0528
妻 1163
到 1108
非 1102
虎 0479
尚 0062
具 0247
昌 0649
門 1113
易 0953
畀 0456

典 0455
固 0598
囷 0594
沝 1087
制 0422
垂 1279
牧 0310
物 0075
和 0089
秅 0697
季 1392
侍 0792
佴 0791
使 0805
佰 0796
臾 1407
佩 0784

帛 0779
卑 0274
往 0143
彼 0144
所 1330
舍 0505
金 1310
命 0085
采 0571
受 0359
爭 0360
乳 1105
股 0385
肥 0403
服 0870
周 0093
昏 0647

臽 0710
炙 0997
享 0523重
夜 0667
府 0927
卒 0853
庚 1383
妾 0241
刻 0418
於 0350重
劾 1308
券 0425
卷 0910
炊 0982
炎 0991
法 0963重
泄 1049

河 1037
沮 1040
泃 1083
泣 1079
治 1051
定 0719
宜 0728
官 1347
空 0741
郎 0638
肩 0379重
建 0155
居 0861
戾 0864
屈 0867
狀 0967
亟 1258

降 1356
始 1170
弩 1207

九畫

奏 1012
春 0053
毒 0029
封 1268
奊 1005
垣 1263
城 1271
指 1129
挌 1156
某 0545
甚 0463
荆 0038
革 0257

扁 0175
衹 0846
祖 0011
祝 0013
祠 0012
郡 0627
退 0149重
叚 0272
韋 0533
胥 0397
陜 1354
除 1360
院 1362
姦 1176
怒 1030
孚 0333

枲 0712
癸 1389
蚤 1250重
級 1217
約 1218
紀 1212

十畫

泰 1077
素 1242
匿 1195
恚 1029
捕 1154
馬 0954
挾 1135
都 0628
恐 1033
垔 1267

埃 1278
茜 1410
莫 0056
荷 0037
莞 0032
真 0823
格 0553
校 0570
逋 0130
栗 0671
堊 1275
夏 0532
破 0942
原 1091重
逐 0134
致 0530
冓 0104

時 0643
財 0601
畛 1289
員 0600
哭 0097
缺 0511
氣 0706
郵 0629
造 0119
乘 0537
租 0692
秩 0689
奔 1007
笄 0440
脩 0395
俱 0789
倡 0810

倍 0807
臬 0564
息 1019
㑪 0799
烏 0349
師 0582
徒 0113
徑 0141
徐 0148
殺 0290
劍 0427
倉 0507
飢 0501
衾 0849
胭 0407
胻 0386
脈 1093重

脂 0399
卿 0914
逢 0123
缶 0510
留 1293
芻 0048
訊 0201
畝 1287重
高 0518
衺 0842
席 0776
病 0745
疻 0751
疾 0743
效 0297
唐 0094
部 0633

十六畫

錢 1321
錮 1316
膫 0393
雕 0338
獨 0968
頮 0889
謀 0196
謁 0192
謂 0190
褭 0854
親 0879
辨 0420
燔 0979
營 0736
潞 1045
澡 1075
壁 1264

避 0129
隱 1359
嬐 1174
縛 1220
縞 1224
縑 1223

十七畫

環 0022
贅 0611
聲 1125
韠 0260
鞠 0259
隸 0280
擊 1153
臨 0839
露 1099
磿 0940

壐 1269
[illegible] 0949
齔 0162
戲 1186
購 0623
闌 1117
雖 1246
點 0993
矰 0514
償 0801
夔 1303
[illegible] 1303
衛 0160
爵 0494
谿 1095
餽 0502
盩 1251

講 0215
謙 0210
襄 0848
應 1023
癘 0748
癴 1138
癉 0756
麋 0964
糴 0707
𧝟 0855
燥 0990
墊 1282
濡 1053
蹇 0101
竆 0630
禮 0009
臂 0381

縵 1225
縱 1215

十八畫

騎 0956
鞮 0258
鞫 0261
轉 1342
磬 0941
覆 0771
攣 1138
瞻 0320
闔 1114
闖 1121
蹢 0169
壘 1274
穡 0679
簪 0873重

簡 0436
簦 0446
邊 0138
邊 0138
歸 0105
頿 1235
貙 0952
雞 0336
臑 0382
繇 1210
謹 0202
謼 0213
謾 0217
𧬆 0198
磨 0940
雜 0850
離 0337

#《説文》序檢字表

一　本檢字表，供檢索《張家山漢簡字形譜》單字的所有字頭和字頭下的俗寫異體用，由此可檢閲到相關字頭下的全部内容。由於合文數量較少，故不再附於本檢字表中。

二　表中被檢字見於《説文》者，按大徐本《説文》字序排列，分别部居；未見於《説文》者，按偏旁部首附於相應各部後。

三　每一字頭之後是該字在字形譜中的字頭序號——四位阿拉伯數字或四位阿拉伯數字加「重」。或四位阿拉伯數字加「新」。例如：「甲　1372」表示「甲」的字頭序號爲「1372」。

一部
一 0001
元 0002
天 0003
吏 0004
丄部
上 0005重
帝 0006
旁 0007
下 0008重
示部
禮 0009
祀 0010
祖 0011
祠 0012
祝 0013
社 0014
禁 0015
禒 0016
三部
三 0017
王部
王 0018
皇 0019
玉部
玉 0020
璧 0021
環 0022
气部
气 0023
士部
士 0024
壯 0025
丨部
中 0026
屮部
屯 0027
每 0028
毒 0029
艸部
荅 0030
苦 0031
莞 0032
蒲 0033
藺 0034重
菌 0034重
蔞 0035
茈 0036
荷 0037
荆 0038
芮 0039
蒼 0040
落 0041
蔡 0042
薄 0043
菑 0044
葢 0045
蓋 0045
荃 0046
若 0047
芻 0048
薪 0049
折 0050重
萊 0051
草 0052
萅 0053
春 0053
著 0054
菥 0055
茻部
莫 0056
葬 0057
小部
小 0058
少 0059
八部
八 0060
分 0061
尚 0062
詹 0063
公 0064
必 0065
余 0066
釆部
審 0067重
悉 0068
半部
半 0069
牛部
牛 0070
牡 0071
牝 0072
牽 0073
牢 0074
物 0075
牠 0076
告部
告 0077
口部
口 0078
噲 0079
吸 0080

胸 0396
胥 0397
肌 0398
脂 0399
𦚱 0400
膊 0401
腐 0402
肥 0403
脊 0404新
胕 0405
胒 0406
胭 0407
䐢 0408
腦 0409
䐓 0410
筋部
筋 0411

刀部
刀 0412
削 0413
利 0414
初 0415
則 0416
切 0417
刻 0418
副 0419
辨 0420
列 0421
制 0422
罰 0423
劓 0424重
券 0425
刺 0426
劊 0427

刃部
刃 0428
劍 0429重
角部
觸 0430
解 0431
竹部
竹 0432
節 0433
籍 0434
籥 0435
簡 0436
等 0437
笵 0438
符 0439
笄 0440
笥 0441

箸 0442
箭 0443
箇 0444
互 0445重
簦 0446
答 0447
管 0448
箅 0449
𥳑 0450
簬 0451
簿 0452
箕部
其 0453重
丌部
丌 0454
亓 0454
典 0455

畀 0456
左部
左 0457
工部
工 0458
式 0459
巧 0460
巨 0461
巫部
巫 0462
甘部
甚 0463
曰部
曰 0464
乃部
乃 0465
迺 0466

丂部
寧 0467
可部
可 0468
奇 0469
竒 0469
亏部
亏 0470
于 0470
平 0471
旨部
嘗 0472
喜部
喜 0473
憙 0474
壴部
彭 0475

机 0544
某 0545
樹 0546
本 0547
朱 0548
末 0549
枚 0550
榣 0551
枉 0552
格 0553
材 0554
極 0555
柱 0556
枅 0557
橦 0558
櫝 0559
栖 0560

杯 0560
案 0561
機 0562
棓 0563
臬 0564
樂 0565
柎 0566
枹 0567
橋 0568
梁 0569
校 0570
采 0571
析 0572
休 0573
棺 0574
槽 0575
櫐 0575

榫 0576
東部
東 0577
林部
林 0578
楚 0579
叒部
桑 0580
之部
之 0581
帀部
師 0582
出部
出 0583
賣 0584
𣎵部
南 0585

生部
生 0586
産 0587
乇部
乇 0588
束部
束 0589
㯻部
橐 0590
囗部
圜 0591
回 0592
國 0593
困 0594
園 0595
因 0596
囚 0597

固 0598
困 0599
員部
員 0600
貝部
財 0601
資 0602
賢 0603
齎 0604
貸 0605
賞 0606
賜 0607
贏 0608
負 0609
賓 0610
贅 0611
質 0612

貿 0613
贖 0614
責 0615
賈 0616
販 0617
買 0618
賦 0619
貪 0620
貧 0621
賕 0622
購 0623
賨 0624
貴 0625
邑部
邑 0626
郡 0627
都 0628